중국어의 성모

b	p	m	f
爸爸 bàba 빠바 아빠	苹果 píngguǒ 핑구어 사과	猫 māo 마오 고양이	饭 fàn 판 밥

d	t	n	l
地铁 dìtiě 띠티에 지하철	桃子 táozi 타오즈 복숭아	奶奶 nǎinai 나이나이 할머니	篮球 lánqiú 란치우 농구(공)

g	k	h	
哥哥 gēge 끄어거 형, 오빠	咖啡 kāfēi 카풰이 커피	喝 hē 흐어 마시다	

j	q	x	
姐姐 jiějie 지에지에 언니	**铅笔** qiānbǐ 치엔비 연필	**学校** xuéxiào 쒸에씨아오 학교	

zh	ch	sh	r
中国 Zhōngguó 쭝구어 중국	**出租车** chūzūchē 츄쭈쳐 택시	**山** shān 샨 산	**热狗** règǒu 러고우 핫도그

z	c	s	
自行车 zìxíngchē 쯔씽쳐 자전거	**草梅** cǎoméi 차오메이 딸기	**三明治** sānmíngzhì 싼밍즈 샌드위치	

한 번만 봐도 기억에 남는

테마별 회화
중국어 단어
2300

한 번만 봐도 기억에 남는
테마별 회화
중국어단어
2300

김현정 엮음

Vitamin
비타민북 Book

전 세계 인구의 1/4이 사용하는 언어가 바로 중국어라고 합니다. 그만큼 중국의 자국 인구도 많을 뿐만 아니라 세계 곳곳에서 살고 있는 화교 인구도 상당하다는 것을 알 수 있습니다.

우리나라는 중국에 인접하고 있다는 지정학적인 장점뿐 아니라, 역사 · 문화적으로도 많은 영향을 받았기 때문에 한결 학습하기 쉽다는 장점이 있습니다. 실제로 우리가 사용하는 많은 한자 단어들이 중국어에서도 그대로 쓰이고 있어, 한자 지식이 풍부한 사람은 중국인과의 필담이 가능하기도 합니다.

그러나 현재 중국어에서 사용하고 있는 간체자는 우리가 사용하는 번체자와는 상당히 다릅니다. 중국 정부는 높은 문맹률의 원인인 한자를 최대한 간단하게 읽고 쓸 수 있도록 하기 위하여, 한자의 획수를 줄이고 약자를 사용한 간체자를 제정하였습니다. 그래서 대만에서는 우리와 같은 번체자를 사용하지만, 중국 대륙에서는 '간체자'를 사용합니다.

이 책에서는 중국 대륙에서 공식적으로 사용하고 있는 간체자로 표기하였습니다. 중국어의 발음을 알파벳으로 표기하는 한어 병음 또한 중국어를 더 쉽게 학습하고 교육하기 위한 중국 정부의 노력으로 제정되었습니다. 이 책에 나오는 모든 중국어 단어는 한어 병음으로 발음 표기하였습니다. 또한 한어 병음에 익숙지 않은 초보 학습자를 위하여 한국어 발음 표기도 병행하였습니다. 다만, 기존 중국어 교재에서 채택하고 있는 교육부 제정 중국어 발음 표기에 따르지 않고, 원음과 최대한 가깝게 표기하고자 노력하였습니다.

언어란 말을 하기 위한 도구입니다. 중국어 단어를 외우는 것은 그만큼 중국어로 대화할 수 있는 무기를 축적하는 것이라 생각합니다. 전쟁터에 나갈 때 총알을 비축하듯 중국어 단어를 학습해 둔다면 실전에서 훨씬 유리한 위치에 서게 되는 것이지요.

이 책에서 학습한 단어를 실제 중국인과 대화할 때 어떻게 활용할까 상상하면서 재미있게 공부한다면 더 효율적인 학습이 될 것입니다. 또한 중국어를 전혀 모르는 초보 학습자라도 중국인을 만나거나 중국 여행을 떠날 때 이 단어장에서 필요한 단어를 찾아 요긴하게 사용하신다면 저에게는 매우 큰 보람이 될 것입니다.

金炫廷 드림

이 책은 본문을 9개 테마(Theme)로 나누고, 테마별로 작은 Unit을 두어 다양한 주제별 어휘(전체 어휘 약 2,300개 정도)를 실었다.

★ 그림 단어

재미있게 단어를 외울 수 있도록 그림을 함께 실었고, 중국어에 더욱 쉽게 접근할 수 있도록 중국어 병음과 한글 발음을 표기하였다. 또한 각 단어 아래에는 실생활 회화에서 흔히 사용되는 짧은 문장을 실어, 그 단어가 생생하게 연상 기억될 수 있도록 하였다.

★ 관련 단어와 동의어

그림 단어와 관련된 테마의 단어를 보충하였고, 또한 동의어를 제시하여 중국어의 어휘를 한층 더 넓힐 수 있게 하였다.

★ 对话와 짧은 문장

테마별 상황에 관련된 짧은 회화나 단어를 이용한 문장을 실어 중국어로 읽고 익힐 수 있게 하였다.

★ 복습문제

Theme가 끝날 때마다 복습문제를 두어, 단어를 익힌 후에는 스스로 테스트해 볼 수 있도록 하였다.

★ 로마자 표기

외국인도 쉽게 발음할 수 있도록 단어의 뜻을 로마자로 표기하였다. 외래어의 경우 원어 그대로 표기(굵게 표시)하였으나 예를 들어 '섹시하다'와 같이 외래어와 한글이 혼용된 경우에는 원어가 아닌 로마자 표기를 우선하였다.

★ 한글과 병음·중국어 색인(Index)

본문에 나온 어휘를 가나다 순서에 따른 한글 색인과 알파벳 순서에 따른 병음·중국어 색인을 실어, 한글과 중국어 어느쪽으로든 찾아보기 쉽게 배려하였다.

CONTENTS

Theme
4

→ **城市** 도시 85

Theme
5

→ **交通** 교통 125

이 책의 발음 표기 기준

자음 b, d, g, j, s, sh, x, z		강약에 따라 된소리로 발음되기도 한다. 주로 뒤에 오는 모음이 1성·4성인 경우 된소리로 발음되는 경우가 많다.
u	대부분 '우'로 발음	
	j, x, q, y + u	→ '-위'로 발음
a	대부분 '아'로 발음	
	i + an	→ '-엔'으로 발음
	j, x, q, y + u + an	→ '-엔'으로 발음
e	대부분 '어'로 발음	
	i + en	→ '-엔'으로 발음
i	대부분 '이'로 발음	
	s, c, z, r, sh, ch, zh + i	→ '-으'로 발음

Theme ①

→ 人间　rénjiān 런찌엔　**인간** ingan

1 인간
2 가정
3 수
4 도시
5 교통
6 업무
7 쇼핑
8 스포츠·취미
9 자연

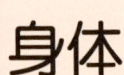

身体 shēntǐ 션티 **신체** sinche

头部 tóubù 토오부 **머리 부분** meori bubun

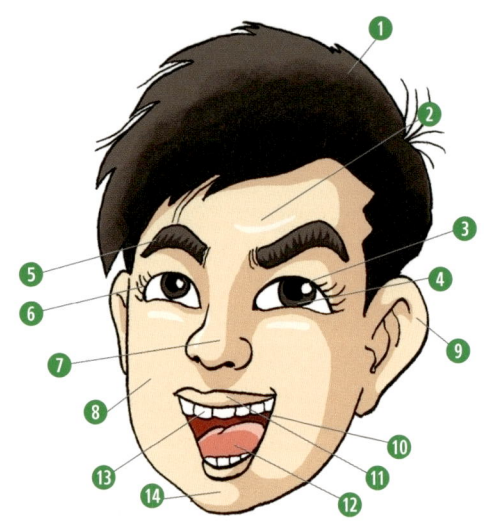

1 头发 tóufa 토우파 머리카락 meorikarak

2 前额 qián'é 치엔어 이마 ima

3 眼睛 yǎnjing 옌징 눈 nun

4 瞳孔 tóngkǒng 통콩 눈동자 nundongja

5 眉毛 méimáo 메이마오 눈썹 nunsseop

6 睫毛 jiémáo 지에마오 속눈썹 songnunsseop

7 鼻子 bízi 비즈 코 ko

8 面颊 miànjiá 미엔지아 볼, 뺨 bol, ppyam

9 耳朵 ěrduo 얼두어 귀 gwi

10 嘴 zuǐ 주이 입 ip

11 嘴唇 zuǐchún 주이춘 입술 ipsul

12 舌头 shétou 셔토우 혀 hyeo

13 牙齿 yáchǐ 야츠 이, 치아 i, chia

14 下颌 xiàhé 샤허 턱 teok

관련 단어

☐ 酒窝 jiǔwō 지우워 **보조개** bojogae

☐ 斑点 bāndiǎn 빤디엔 점 jeom

☐ 皱纹 zhòuwén 쪼우원 주름 jureum

☐ 青春痘 qīngchūndòu 칭춘또우 여드름 yeodeureum

☐ 胡子 húzi 후즈 수염 suyeom

☐ 腮胡子 sāihúzi 싸이후즈 턱수염 teoksuyeom

☐ 头盖骨 tóugàigǔ 토우까이구 두개골 dugaegol

A: 她长得怎么样?
Tā zhǎngde zěnmeyàng?
타 장더 쩐머양
그녀는 어때요?

B: 她长得很漂亮。
Tā zhǎngde hěn piàoliang.
타 장더 헌 피아오량
그녀는 얼굴이 예뻐요.

1 인간
2 가정
3 수
4 도시
5 교통
6 업무
7 쇼핑
8 스포츠·취미
9 자연

前面 qiánmiàn 지에미엔 **앞모습** ammoseup

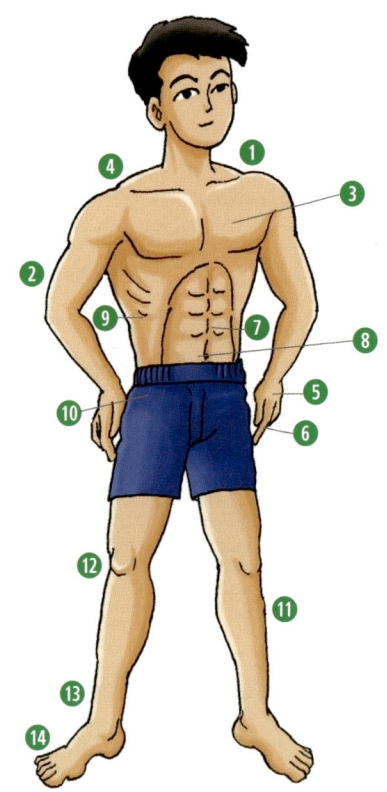

❶ 脖子 bózi 보즈 목 mok

❷ 胳膊 gēbo 꺼보 팔 pal

❸ 胸 xiōng 시옹 가슴 gaseum

❹ 肩膀 jiānbǎng 지엔방 어깨 eokkae

❺ 手 shǒu 쇼우 손 son

❻ 手指 shǒuzhǐ 쇼우즈 손가락 songarak

❼ 肚子 dùzi 뚜즈 배 bae

❽ 肚脐 dùqí 뚜치 배꼽 baekkop

14

⑨ 肋骨 lèigǔ 레이구 갈비뼈 galbippyeo

⑩ 骨盘 gǔpán 구판 골반 golban

⑪ 腿 tuǐ 투이 다리 dari

⑫ 膝盖 xīgài 시까이 무릎 mureup

⑬ 脚腕子 jiǎowànzi 지아오완즈 발목 balmok

⑭ 脚 jiǎo 지아오 발 bal

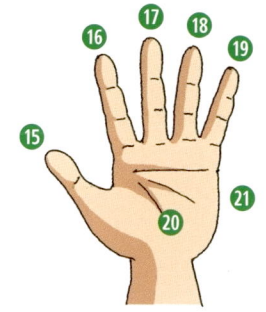

⑮ 大拇指 dàmuzhǐ 따무즈 엄지 eomji

⑯ 二拇指 èrmuzhǐ 얼무즈 인지, 집게손가락 inji, jipgesongarak

⑰ 中指 zhōngzhǐ 쭝즈 중지, 가운뎃손가락 jungji, gaundetsongarak

⑱ 无名指 wúmíngzhǐ 우밍즈 약지 yakji

⑲ 小指 xiǎozhǐ 샤오즈 소지, 새끼손가락 soji, saekkisongarak

⑳ 手掌 shǒuzhǎng 쇼우장 손바닥 sonbadak

㉑ 手背 shǒubèi 쇼우뻬이 손등 sondeung

dialogue
对话

> A: 她跌断了腿。
> Tā diēduàn le tuǐ。
> 타 티에뚜안 러 투이
> 걔 넘어져서 다리가 부러졌어.
>
> B: 哎哟，你也小心吧。
> Àiyō, nǐ yě xiǎoxīn ba。
> 아이요 니 예 샤오신 바
> 아이쿠, 너도 조심해.

2 가정
3 수
4 도시
5 교통
6 업무
7 쇼핑
8 스포츠·취미
9 자연

15

관련 단어

- □ 拳头 quántou 취엔토우 **주먹** jumeok
- □ 手腕子 shǒuwànzi 쇼우완즈 **손목** sonmok
- □ (手)指甲 (shǒu)zhǐjiǎ (쇼우)즈지아 **손톱** sontop
- □ 剪指甲 jiǎn zhǐjiǎ 지엔즈지아 **손톱을 깎다** sontobeul kkakda
- □ 手相 shǒuxiàng 쇼우쌍 **손금** songeum
- □ 看手相 kàn shǒuxiàng 칸쇼우쌍 **손금을 보다** songeumeul boda
- □ 指纹 zhǐwén 즈원 **지문** jimun
- □ 左撇子 zuǒpiězi 주어피에즈 **왼손잡이** oensonjabi

dialogue
对话

A: 我给你看手相吧。
　 Wǒ gěi nǐ kàn shǒuxiàng ba.
　 워 게이 니 칸 쇼우쌍 바
　 내가 손금 봐 줄게.

B: 真的吗？ 你能看手相吗？
　 Zhēnde ma? Nǐ néng kàn shǒuxiàng ma?
　 쩐더마 니 녕 칸 쇼우쌍 마
　 정말이야? 너 손금도 볼 줄 알아?

A: 你要剪指甲。
　 Nǐ yào jiǎn zhǐjiǎ.
　 니 야오 지엔 즈지아
　 너 손톱 잘라야겠다.

B: 太麻烦了。
　 Tài máfan le.
　 타이 마판 러
　 에휴, 만사가 귀찮아.

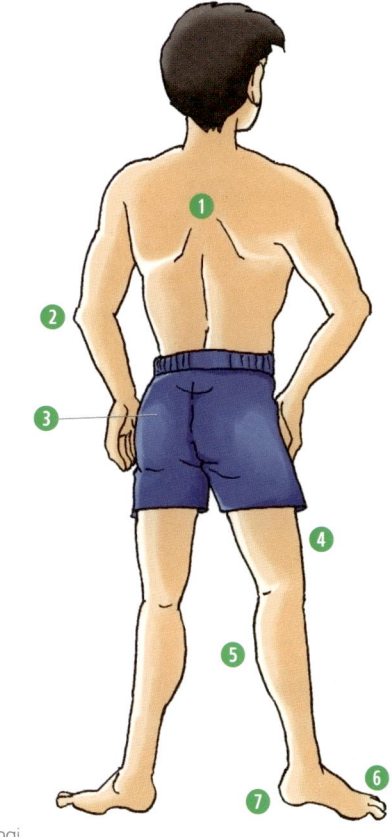

后面 hòumiàn 호우미엔 **뒷모습** dwinmoseup

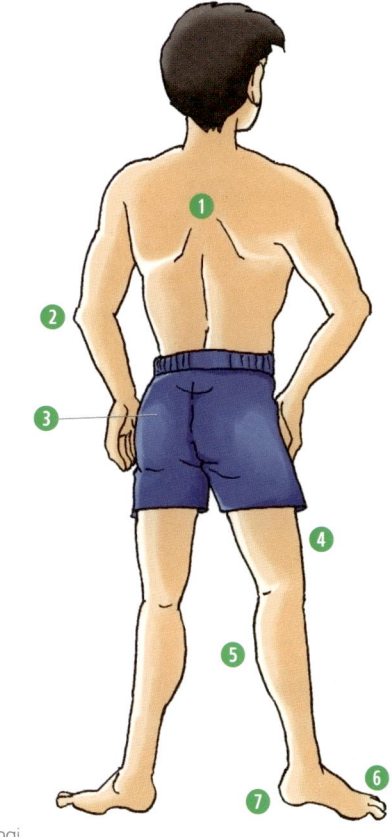

1 인간
2 가정
3 수
4 도시
5 교통
6 업무
7 쇼핑
8 스포츠·취미
9 자연

① 背 bèi 뻬이 **등** deung

② 肘 zhǒu 쪼우 **팔꿈치** palkkumchi

③ 屁股 pìgǔ 피구 **엉덩이** eongdeongi

④ 大腿 dàtuǐ 따투이 **허벅지** heobeokji

⑤ 小腿 xiǎotuǐ 샤오투이 **종아리** jongari

⑥ 脚趾 jiǎozhǐ 지아오즈 **발가락** balgarak

⑦ 脚后跟 jiǎohòugēn 지아오호우껀 **뒤꿈치** dwikkumchi

器官 qìguān 치관 기관 gigwan

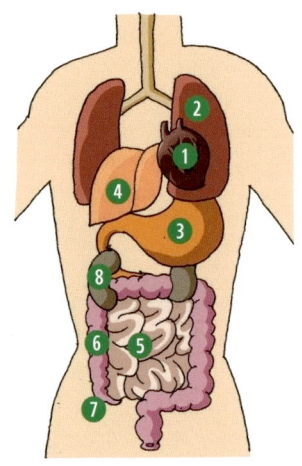

① **心脏** xīnzàng 신짱 **심장** simjang

② **肺** fèi 페이 **폐** pye

③ **胃** wèi 웨이 **위** wi

④ **肝** gān 깐 **간** gan

⑤ **小肠** xiǎocháng 샤오창 **소장** sojang

⑥ **大肠** dàcháng 따창 **대장** daejang

⑦ **盲肠** mángcháng 망창 **맹장** maengjang

⑧ **肾脏** shènzàng 션짱 **신장** sinjang

1 인간

2 가정

3 수

4 도시

5 교통

6 업무

7 쇼핑

8 스포츠·취미

9 자연

관련 단어

- 脑子 nǎozi 나오즈 뇌 noe
- 脊椎 jízhuī 지쭈이 척추 cheokchu
- 神经 shénjīng 션찡 신경 singyeong
- 细胞 xìbāo 시빠오 세포 sepo
- 血管 xuèguǎn 쉬에관 혈관 hyeolgwan
- 血 xuě 쉬에 피 pi
- 骨头 gǔtou 구토우 뼈 ppyeo
- 关节 guānjié 꽌지에 관절 gwanjeol
- 筋肉 jīnròu 진로우 근육 geunnyuk
- 皮肤 pífū 피푸 피부 pibu
- 肉 ròu 로우 살 sal
- 肠 cháng 창 장 jang
- 膀胱 pángguāng 팡꽝 방광 banggwang

dialogue
对话

A: 他神经过敏。
   Tā shénjīng guòmǐn.
   타 션찡꾸어민
   저 사람 신경이 무척 예민한가 봐.

B: 为什么?
   Wèishénme?
   웨이션머
   왜?

A: 我们小声聊天, 还是继续看我们。
   Wǒmen xiǎoshēng liáotiān, háishì jìxù kàn wǒmen.
   워먼 샤오셩 리아오티엔 하이쓰 찌쉬 칸 워먼
   우리가 작은 소리로 말하는데도 자꾸 쳐다보잖아.

家族 jiāzú 찌아주 **가족** gajok

- ☐ 爷爷 yéye 예예 할아버지 harabeoji

- ☐ 祖父 zǔfù 주푸 조부 (서면) jobu

- ☐ 奶奶 nǎinai 나이나이 할머니 halmeoni

- ☐ 祖母 zǔmǔ 주무 조모 (서면) jomo
  爷爷明天回来。
  Yéye míngtiān huílái。
  예예 밍티엔 후이라이
  할아버지는 내일 돌아오신다.

- ☐ 爸爸 bàba 빠바
  아빠, 아버지 appa, abeoji

- ☐ 父亲 fùqīn 푸친 아버지 (서면) abeoji

- ☐ 妈妈 māma 마마
  엄마, 어머니 eomma, eomeoni

- ☐ 母亲 mǔqīn 무친 어머니 (서면) eomeoni
  我妈真漂亮。
  Wǒ mā zhēn piàoliàng。
  위 마 쩐 피아오량
  우리 엄마는 정말 예쁘다.

- ☐ 叔叔 shūshu 슈슈
  아저씨, 삼촌 ajeossi, samchon

- ☐ 阿姨 āyí 아이 아주머니 ajumeoni
  我的叔叔给我零用钱。
  Wǒ de shūshu gěi wǒ língyòngqián。
  위 더 슈슈 게이 위 링융치엔
  우리 삼촌은 내게 용돈을 주셨다.

- ☐ 哥哥 gēge 꺼거 형, 오빠 hyeong, oppa

- ☐ 姐姐 jiějie 지에지에 누나, 언니 nuna, eonni
  我的姐姐喜欢小狗。
  Wǒ de jiějie xǐhuan xiǎogǒu。
  위 더 지에지에 시환 샤오고우
  우리 누나는 강아지를 좋아한다.

□ 儿子 érzi 얼즈 아들 adeul

□ 弟弟 dìdi 띠디 남동생 namdongsaeng

□ 女儿 nǚ'ér 뉘얼 딸 ttal

□ 妹妹 mèimei 메이메이 여동생 yeodongsaeng

我的儿子还很小。

Wǒ de érzi hái hěn xiǎo。

워 더 얼즈 하이 헌 샤오

우리 아들은 아직 너무 어리다.

관련 단어

□ 兄弟 xiōngdì 시옹띠 형제 hyeongje

□ 姐妹 jiěmèi 지에메이 자매 jamae

□ 堂兄弟 tángxiōngdì 탕시옹띠 사촌 sachon

□ 侄儿 zhír 즈-ㄹ 조카 joka

□ 女婿 nǚ xù 뉘쉬 사위 sawi

□ 儿媳妇 érxífu 얼시푸 며느리 myeoneuri

□ 公公 gōnggong 꽁꽁 시아버지 siabeoji

□ 婆婆 pópo 포포 시어머니 sieomeoni

□ 岳父 yuèfù 위에푸 장인 jangin

□ 岳母 yuèmǔ 위에무 장모 jangmo

人生 rénshēng 런셩 **인생** insaeng

□ 诞生 dànshēng 딴셩
탄생 tansaeng

□ 婴儿 yīng'ér 잉얼
아기 agi

□ 孩子 háizi 하이즈
어린이, 꼬마 eorini, kkoma

这些子们玩玩具。
Zhè xiē háizimen wán wánjù.
쩌 씨에 하이즈먼 완 완쮜
이 꼬마들은 장난감을 가지고
놀았다.

□ 男孩 nánhái 난하이
소년 sonyeon

□ 女孩 nǚ hái 뉘하이
소녀 sonyeo

□ 成人 chéngrén 청런
성인 seongin

□ 青年 qīngnián 칭니엔
청년 cheongnyeon
(= 年轻人 niánqīngrén)

这年青人正在去图书馆呢。
Zhè niánqīngrén zhèngzài qù
túshūguǎn ne.
쩌 니엔칭런 쩡짜이 취 투슈관 너
이 청년은 도서관에 가는 중이다.

□ 老人 lǎorén 라오런
노인 noin

我们应该尊敬老人。
Wǒmen yīnggāi zūnjìng lǎorén.
워먼 잉까이 쭌찡 라오런
우리는 노인을 공경해야 한다.

□ 葬礼 zànglǐ 짱리
장례(식) jangnye(sik)

□ 坟墓 fénmù 펀무
무덤 mudeom

관련 단어

□ 幼年时期 yòunián shíqī 요우니엔스치 어린 시절 eorin sijeol

□ 成长 chéngzhǎng 청장 성장 seongjang

□ 订婚 dìnghūn 띵훈 약혼 yakhon

□ 结婚 jiéhūn 지에훈 결혼 gyeolhon

□ 离婚 líhūn 리훈 이혼 ihon

□ 新娘 xīnniáng 신니앙 신부 sinbu

□ 新郎 xīnláng 신랑 신랑 sillang

□ 未亡人 wèiwángrén 웨이왕런 미망인 mimangin

□ 鳏夫 guānfū 꽌푸 홀아비 horabi

□ 死 sǐ 쓰 죽다 jukda

□ 死亡 sǐwáng 쓰왕 죽음 jugeum

□ 火葬 huǒzàng 후어짱 화장 hwajang

1 인간
2 가정
3 수
4 도시
5 교통
6 업무
7 쇼핑
8 스포츠·취미
9 자연

爱情和结婚 àiqíng hé jiéhūn 아이칭 허지에훈
사랑과 결혼 saranggwa gyeolhon

☐ 单恋 dānliàn 딴리엔 짝사랑 jjaksarang
(= 单相思 dānxiāngsī)

对她的单相思已经结束了。
Duì tā de dānxiāngsī yǐjing jiéshù le。
뚜이 타 더 딴샹쓰 이징 지에슈 러
그녀를 향한 짝사랑은 이미 끝났다.

☐ 三角关系 sānjiǎo guānxì 싼지아오꽌시
삼각 관계 samgakgwangye

☐ 意中人 yìzhōngrén 이쯍런
마음속으로 사모하는 사람
maeumsogeuro samohaneun saram

☐ 一见钟情 yī jiàn zhōng qíng 이찌엔쭝칭
첫눈에 반하다 cheonnune banhada

我对她是一见钟情。
Wǒ duì tā shì yī jiànzhōngqíng。
워 뚜이 타 쓰 이찌엔쭝칭
난 그녀에게 첫눈에 반했어.

☐ 交际 jiāojì 찌아오지
사귀다 sagwida

☐ 示爱 shì'ài 스아이
사랑을 고백하다 sarangeul gobaekhada

□ 情人 qíngrén 칭런 애인 aein

我的情人很体贴。

Wǒ de qíngrén hěn tǐtiē.

워 더 칭런 헌 티티에

내 애인은 정말 자상하다.

□ 结婚 jié hūn 지에훈
결혼하다 gyeolhonhada

□ 蜜月旅行 mìyuè lǚ xíng 미위에뤼싱
신혼 여행 sinhon nyeohaeng

□ 怀孕 huái yùn 화이윈
임신하다 imsinhada

她怀孕7个月。

Tā huáiyùn qī ge yuè.

타 화이윈 치 거 위에

그녀는 임신 7개월이다.

□ 吵架 chǎojià 차오찌아 말다툼 maldatum

我不知道他们为什么天天吵架。

Wǒ bù zhīdào tāmen wèishénme tiāntiān chǎojià.

워 부쯔따오 타먼 웨이션머 티엔티엔 차오찌아

그들은 왜 매일 말다툼을 하는지 모르겠어.

□ 朋友 péngyou 펑요우 친구 chingu

1 인간

2 가정

3 수

4 도시

5 교통

6 업무

7 쇼핑

8 스포츠·취미

9 자연

25

관련 단어

□ **同性** tóngxìng 퉁씽 동성 dongseong

□ **异性** yìxìng 이씽 이성 iseong

□ **初恋** chūliàn 추리옌 첫사랑 cheotsarang

□ **魅力** mèilì 메이리 매력 maeryeok

□ **求婚** qiúhūn 치우훈 프러포즈하다, 구혼하다 peureopojeuhada, guhonhada

□ **请帖** qǐngtiě 칭티에 청첩장 cheongjeopjang

□ **结婚戒指** jiéhūn jièzhi 지에훈찌에즈 결혼 반지 gyeolhonbanji

□ **新婚夫妇** xīnhūn fūfù 신훈푸푸 신혼 부부 sinhon bubu

□ **伴侣** bànlǚ 빤뤼 배우자 baeuja

□ **养育** yǎngyù 양위 양육, 아이를 키우다 yangyuk, aireul kiuda

□ **认识** rènshi 런스 알게 되다 algedoeda

□ **告别** gàobié 까오비에 헤어지다, 고별하다 heeojida, gobyeolhada

□ **和解** héjiě 허지에 화해하다 hwahaehada

□ **不忠** bùzhōng 뿌쭝 불충하다, 양다리걸치다 bulchunghada, yangdarigeolchida

● 爱是一个人对另一个人所拥有的一种浓浓爱恋之情，

ài shì yī ge rén duì lìng yī ge rén suǒ yōngyǒu de yī zhǒng nóngnóng de àiliànzhīqíng,

아이 쓰 이거런 뚜이 링 이거런 수어 용요우 더 이 종 농농 더 아이리앤즈칭

或者说是一个人人对另一个人所拥有的一种强烈的吸引力。

huòzhě shuō shì yīgerén duì lìng yīgerén suǒ yōngyǒu de yī zhǒng qiángliè de xīyǐnlì.

후어저 슈어 쓰 이거런 뚜이 링 이거런 수어 용요우 더 이 종 치앙리에 더 시인리

사랑은 한 사람이 또 다른 한 사람에게 품는 깊은 연애 감정이다. 혹은 한 사람이

또 다른 한 사람에게 품는 매우 강렬한 흡인력이라고도 한다.

dialogue
对话

A: 我的朋友这周末结婚。

Wǒ de péngyou zhè zhōumò jiéhūn.

워 더 펑요우 쩌 쪼우모 지에훈

내 친구 이번 주말에 결혼한대.

B: 跟谁结婚呢?

Gēn shuí jiéhūn ne?

껀 쉐이 지에훈 너

어떤 사람이랑?

A: 交了已经5年的男朋友。

Jiāo le yǐjìng wǔ nián de nánpéngyou.

지아오 러 이징 우 니엔 더 난펑요우

5년 동안 사귄 남자래.

B: 好羡慕啊！

Hǎo xiànmù a!

하오 씨엔무 아

아, 정말 부럽다.

日常生活 rìcháng shēnghuó 르창셩후어

일상생활 ilsang saenghwal

- □ 醒 xǐng 싱 **잠에서 깨다** jameseo kkaeda

- □ 起床 qǐ chuáng 치추앙 **일어나다** ireonada
  我要明天早上6点起床。
  Wǒ yào míngtiān zǎoshàng liù diǎn qǐchuáng.
  워 야오 밍티엔 자오쌍 리우 디엔 치추앙
  내일 아침에는 여섯 시에 일어나야지.

- □ 刷牙 shuā yá 슈아야
  이를 닦다 ireul dakda

- □ 洗脸 xǐliǎn 시리엔
  얼굴을 씻다 eolgureul ssitda

- □ 刮脸 guā liǎn 꽈리엔
  면도하다 myeondohada
  刮脸的时候划伤了。
  Guāliǎn de shíhou huáshāng le.
  꽈리엔 더 스호우 화상 러
  면도하다가 베었다.

- □ 穿衣服 chuān yīfu 추완이푸
  옷을 입다 oseul ripda
  今天又穿什么衣服呢?
  Jīntiān yòu chuān shénme yīfu ne?
  쩐티엔 요우 추안 션머 이푸 너
  오늘은 무슨 옷을 입지?

- □ 梳头发 shū tóufa 슈토우파
  머리를 빗다 meorireul bitda

28

1 인간

2 가정

3 수

4 도시

5 교통

6 업무

7 쇼핑

8 스포츠·취미

9 자연

□ **上班** shàng bān 쌍빤
출근하다 chulgeunhada
爸爸一般坐公共汽车上班。
Bàba yìbān zuò gōnggòngqìchē
shàngbān。
빠바 이빤 쭈어 꽁꽁치처 쌍빤
아버지는 보통 버스로 출근하신다.

□ **吃午饭** chī wǔfàn 츠우판
점심 먹다 jeomsim meokda
我11点半吃午饭。
Wǒ shíyī diǎn bàn chī wǔfàn。
워 스이디엔 빤 츠 우판
나는 열한 시 반에 점심을 먹는다.

□ **淋浴** línyù 린위
샤워(하다) shower(hada)

□ **看电视** kàn diànshì 칸띠엔쓰
텔레비전을 보다 tellebijyeoneul boda
我一边看电视一边吃薯条。
Wǒ yìbiān kàn diànshì yìbiān chī shǔtiáo。
워 이삐엔 칸 띠엔쓰 이삐엔 츠 슈티아오
텔레비전을 보면서 감자 칩을 먹었다.

□ **听音乐** tīng yīnyuè 팅인위에
음악을 듣다 eumageul deutda
许多年青人在地铁里听音乐。
Xǔduō niánqīngrén zài dìtiě lǐ tīng
yīnyuè。
쉬뚜어 니엔칭런 짜이 띠티에 리 팅 인위에
많은 젊은이들은 전철에서 음악을 듣는다.

□ **睡觉** shuì jiào 쉐이찌아오
잠자리에 들다 jamjarie deulda

29

관련 단어

□ 声音 shēngyīn 성인 소리 sori

□ 嗓音 sǎngyīn 상인 목소리 moksori

□ 听 tīng 팅 듣다 deutda

□ 听见 tīng jiàn 팅찌엔 들리다 deullida

□ 看 kàn 칸 보다 boda

□ 看见 kàn jiàn 칸찌엔 보이다 boida

□ 抓 zhuā 쭈아 잡다 japda

□ 摸 mō 모 닿다, 만지다 data, manjida

□ 尝 cháng 창 맛보다 matboda

□ 洗衣服 xǐ yīfú 시이푸 빨래하다 ppallaehada

□ 熨衣服 yùn yīfú 윈이푸 다림질하다 darimjilhada

□ 洗澡 xǐ zǎo 시자오 목욕하다 mogyokhada

□ 换衣服 huàn yīfú 환이푸 옷을 갈아입다 oseul garaipda

□ 收拾 shōushi 쇼우스 정리하다 jeongnihada

□ 开夜车 kāi yèchē 카이예처 밤늦게 공부하다[일하다] bamneutge gongbuhada[ilhada]

□ 打乒乓球 dǎ pīngpāngqiú 다핑팡치우 탁구를 치다 takgureul chida

□ 打游戏 dǎ yóuxì 다요우씨 게임을 하다 geimeul hada

□ 荡秋千 dàng qiūqiān 땅치우치엔 그네를 타다 geunereul tada

1 인간
2 가정
3 수
4 도시
5 교통
6 업무
7 쇼핑
8 스포츠·취미
9 자연

□ **睡午觉** shuì wǔjiào 쉐이우찌아오 낮잠을 자다 natjameul jada

□ **弹钢琴** tán gāngqín 탄깡친 피아노를 치다 pianoreul chida

□ **打电话** dǎ diànhuà 다띠엔화 전화를 걸다 jeonhwareul geolda

□ **学习** xuéxí 쉬에시 공부하다 gongbuhada

□ **看书** kàn shū 칸슈 책을 읽다 chaegeul rikda

□ **写信** xiě xìn 시에씬 편지를 쓰다 pyeonjireul sseuda

□ **溜滑梯** liū huátī 리우화티 미끄럼틀에서 놀다 mikkeureomteureseo nolda

□ **上树** shàng shù 쌍슈 나무에 오르다 namue oreuda

dialogue
对话

A: **这是什么声音呢?**
Zhè shì shénme shēngyīn ne?
쩌 쓰 션머 성인 너
이게 무슨 소리지?

B: **我只能听你的声音。**
Wǒ zhǐ néng tīng nǐ de shēngyīn.
워 즈 넝 팅 니 더 성인
글쎄? 네 목소리밖에 안 들리는데.

A: **好好听一听吧。好像有人弹钢琴。**
Hǎohǎo tīngyitīng ba. Hǎoxiàng yǒu rén tán gāngqín.
하오하오 팅이팅 바 하오샹 요우런 탄 깡친
잘 들어 봐. 누가 피아노를 치고 있어.

B: **啊。那是邻居的孩子练习的。**
Ā. Nà shì línjū de háizi liànxí de.
아 나 쓰 린쮜 더 하이즈 리엔시 더
아, 저 소리는 옆집 아이가 연습하는 거야.

31

生理现象 shēnglǐ xiànxiàng 성리씨엔썅

생리 현상 saengnihyeonsang

□ 咳嗽 késou 커쏘우
기침(하다) gichim(hada)

他总是咳嗽。
Tā zǒngshì késou.
타 종쓰 커쏘우
그는 항상 기침을 달고 산다.

□ 叹气 tàn qì 탄치
한숨 짓다 hansumjitda

□ 喷嚏 pēntì 펀티 재채기 jaechaegi

□ 汗 hàn 한 땀 ttam

为什么出这么多汗呢？
Wèishénme chū zhème duō hàn ne?
웨이션머 추 쩌머 뚜어 한 너
왜 이렇게 땀이 많이 나지.

□ 屁 pì 피 방귀 banggwi

□ 眼泪 yǎnlèi 옌레이 눈물 nunmul

小孩儿流眼泪。
Xiǎoháir liú yǎnlèi.
샤오할 리우 옌레이
아기가 눈물을 흘린다.

□ 小便 xiǎobiàn 샤오삐엔
소변 sobyeon

관련 단어

□ 呼吸 hūxī 후시 호흡(하다), 숨을 쉬다 hoheup(hada), sumeul swida

□ 哈欠 hāqian 하치엔 하품 hapum

□ 懒腰 lǎnyāo 란야오 기지개 gijigae

□ 嗝儿 gér 거-ㄹ 딸꾹질, 트림 ttalkkukjil, teurim

□ 打饱嗝儿 dǎ bǎogér 다바오거-ㄹ
(배가 불러서) 트림을 하다 (baega bulleoseo) teurimeul hada

□ 唾液 tuòyè 투어예 침, 타액 chim, taaek

□ 大便 dàbiàn 따삐엔 대변 daebyeon

□ 梦 mèng 멍 꿈(을 꾸다) kkum(eul kkuda)

dialogue
对话

A: 我昨晚梦里跟你吵架。
　 Wǒ zuótiān mèngli gēn nǐ chǎojià.
　 워 주어티엔 멍 리 껀 니 차오찌아
　 나 어젯밤에 너랑 싸우는 꿈 꿨어.

B: 你平时对我有不满意的吧?
　 Nǐ píngshí duì wǒ yǒu bù mǎnyì de ba?
　 니 핑스 뚜이 워 요우 뿌만이 더 바
　 평소에 나한테 나쁜 감정이 있었던 거 아냐?

A: 有可能。
　 Yǒu kěnéng.
　 요우 커넝
　 글쎄, 혹시 그럴지도….

33

性格·态度 xìnggé·tàidu 씽거·타이두

성격·태도 seonggyeok·taedo

□ 小心 xiǎoxīn 샤오씬
주의 깊다, 신중하다
juui gipda, sinjunghada

□ 疏忽 shūhu 슈후
부주의하다, 경솔하다
bujuuihada, gyeongsolhada

□ 辛勤 xīnqín 신친
부지런하다 bujireonhada
我的姐姐是个辛勤的人。
Wǒ de jiějie shì ge xīnqín de rén.
워 더 지에지에 쓰 거 신친 더 런
우리 언니는 무척 부지런한 사람이다.

□ 唠叨 láodao 라오다오
수다스럽다 sudaseureopda
阿姨们在一起真唠叨。
Āyímen zài yìqǐ zhēn láodao.
아이먼 짜이 이치 쩐 라오다오
아줌마들이 모이면 정말 수다스럽다.

□ 无礼 wúlǐ 우리
무례하다 muryehada

□ 耐心 nàixīn 나이씬
인내심이 있다 innaesimi itda

□ 害羞 hàixiū 하이시우
부끄러워하다, 수줍어하다
bukkeureowohada, sujubeohada

1 인간

2 가정

3 수

4 도시

5 교통

6 업무

7 쇼핑

8 스포츠·취미

9 자연

관련 단어

□ 亲切 qīnqiè 친치에 친절하다 chinjeolhada

□ 纯正 chúnzhèng 춘쩡 순수하다 sunsuhada

□ 胆怯 dǎnqiè 딴치에 겁이 많다 geobi manta

□ 勇敢 yǒnggǎn 용간 용감하다 yonggamhada

□ 聪明 cōngming 총밍 지혜롭다 jihyeropda

□ 直率 zhíshuài 즈슈아이 정직하다 jeongjikhada

□ 懒 lǎn 란 게으르다 geeureuda

□ 无聊 wúliáo 우랴오 지루하다 jiruhada

□ 笨 bèn 뻔 어리석다 eoriseokda

□ 谦虚 qiānxū 치엔쉬 겸손하다 gyeomsonhada

□ 有礼 yǒulǐ 요우리 예의바르다 yeuibareuda

□ 仁厚 rénhòu 런호우 관대하다 gwandaehada

□ 细心 xìxīn 씨신 섬세하다 seomsehada

□ 可靠 kěkào 커카오 신용할 수 있다 sinnyonghal su itda

□ 拘谨 jūjǐn 쮜진 언행이 어색하다 eonhaengi eosaekhada

□ 自私 zìsī 쯔쓰 이기적이다 igijeogida

dialogue
对话

A: 那商店的老板真亲切。
　 Nà shāngdiàn de lǎobǎn zhēn qīnqiè.
　 나 상띠엔 더 라오반 쩐 친치에
　 저 가게 주인 참 친절하더라.

B: 是啊。我也觉得是。
　 Shì a. Wǒ yě juéde shì.
　 쓰아 워 예 쥐에더 쓰
　 그래, 나도 그렇게 생각했어.

35

外貌 wàimào 와이마오 **외모** oemo

□ 体重 tǐzhòng 티쭝
몸무게 mommuge

□ 肥 féi 페이
뚱뚱하다
ttungttunghada

□ 瘦 shòu 쑈우
여위다, 마르다
yeowida, mareuda

□ 个子 gèzi 꺼즈
키, 신장 ki, sinjang
他的个子很高。
Tā de gèzi hěn gāo。
타 더 꺼즈 헌 까오
그의 키가 매우 큽니다.

□ 高 gāo 까오
키가 크다 kiga keuda

□ 矮 ǎi 아이
키가 작다 kiga jakda

□ 可爱 kě'ài 커아이
귀엽다 gwiyeopda

□ 性感的 xìnggǎn de 씽간더
섹시하다 seksihada

□ 漂亮 piàoliang 피아오량
아름답다, 예쁘다
areumdapda, yeppeuda

□ 魅力的 mèilì de 메이리더
매력적이다 maeryeokjeogida

□ **秃头** tūtóu 투토우
대머리 daemeori

□ **短发** duǎnfà 두안파
단발머리 danbalmeori

□ **卷发** juǎnfà 쥐엔파
곱슬머리 gopseulmeori

관련 단어

□ **烫发** tàngfà 탕파 파마머리 pamameori

□ **马尾发型** mǎwěi fàxíng 마웨이파씽
포니테일, 뒤로 한 다발로 묶은 머리 Ponytail, dwiro handaballo mukkeun meori

□ **白发** báifà 바이파 흰머리 huinmeori

□ **不动声色** bù dòng shēng sè 부똥셩써
포커페이스, 무표정하다 Poker face, mupyojeonghada

□ **发呆** fādāi 파따이 멍하다 meonghada

□ **眼神** yǎnshén 옌션 눈빛, 눈초리 nunbit, nunchori

□ **印象** yìnxiàng 인쌍 인상 insang

□ **表情** biǎoqíng 비아오칭 표정 pyojeong

□ **身材美好** shēncái měihǎo 션차이메이하오 몸매가 좋다 mommaega jota

□ **帅** shuài 슈아이 멋지다, 잘생기다 meotjida, jalsaenggida

dialogue
对话

A: 这种短发会合适我吗?
Zhè zhǒng duǎnfà huì héshì wǒ ma?
쩌종 두안파 후이 허쓰 워 마
이런 스타일의 단발머리가 나한테 어울릴까?

B: 嗯。我觉得合适你。
Èng。Wǒ juéde héshì nǐ。
엉 워 쥐에더 허쓰 니
응, 너한테 어울릴 거 같아.

1 인간
2 가정
3 수
4 도시
5 교통
6 의무
7 쇼핑
8 스포츠·취미
9 자연

感情 ① gǎnqíng 간칭 감정 ① gamjeong il

□ 幸福 xìngfú 싱푸
행복하다 haengbokhada
我家幸福快乐。
Wǒ jiā xìngfúkuàilè。
위 지아 싱푸 콰이러
우리는 행복하고 즐거운 가족이에요.

□ 伤心 shāngxīn 샹신
슬퍼하다, 상심하다 seulpeohada, sangsimhada
别那么伤心。
Bié nàme shāngxīn。
비에 나머 샹신
너무 그렇게 슬퍼하지 말아요.

□ 热 rè 르어 덥다 deopda
天气太热了，都不想出去。
Tiānqì tài rè le, dōu bù xiǎng chūqù。
티엔치 타이러 러 또우 부 샹추취
날씨가 너무 더워서 밖에 나가기 싫다.

□ 冷 lěng 렁 춥다 chupda

□ 累 lèi 레이
지치다, 피로하다
jichida, pirohada

□ 渴 kě 커
목마르다
mongmareuda

□ 困 kùn 쿤
졸리다, 피곤하다
jollida, pigonhada

□ 生气 shēngqì 셩치
화내다 hwanaeda
我最害怕老板生气。
Wǒ zuì hàipà lǎobǎn shēngqì。
위 쭈이 하이파 라오반 셩치
사장님이 화내시는게 제일 무서워.

□ 饿 è 으어 배고프다 baegopeuda

□ 饱 bǎo 빠오 배부르다 baebureuda

□ 不好意思 bùhǎoyìsi 뿌하오이쓰
부끄럽다, 창피하다
bukkeureopda, changpihada

□ 吃惊 chījīng 츠징
놀라다 nollada

관련 단어

□ 有意思 yǒu yìsi 요우이쓰 재미있다 jaemiitda

□ 混淆 hùnxiáo 훈샤오 헷갈리다 hetgallida

□ 失望 shīwàng 스왕 실망하다 silmanghada

□ 害怕 hàipà 하이파 무섭다 museopda

□ 高兴 gāoxìng 까오씽 기쁘다 gippeuda

□ 寂寞 jìmò 찌모 쓸쓸하다 sseulsseulhada

□ 孤独 gūdú 꾸두 외롭다 oeropda

A: 你看起来很累!
　　Nǐ kànqǐlái hěn lèi!
　　니 칸치라이 헌 레이
　　너 피곤해 보이는데!

B: 我熬夜学习。
　　Wǒ áoyè xuéxí.
　　워 아오예 쉬에시
　　시험 공부하느라 밤샜거든요.

1 인간
2 가정
3 수
4 도시
5 교통
6 업무
7 쇼핑
8 스포츠·취미
9 자연

感情 ② gǎnqíng 간칭 감정 ② gamjeong i

□ 智慧 zhìhuì 쯔후이 지혜 jihye

王老师的智慧帮我们解决问题。
Wáng lǎoshī de zhìhuì bāng wǒmen jiějué wèntí.
왕 라오스 더 쯔후이 빵 워먼 지에쥐에 원티
왕 선생의 지혜로 우리는 문제를 해결할 수 있었다.

□ 勇气 yǒngqì 용치 용기 yonggi

□ 绝望 juéwàng 쥐에왕 절망 jeolmang

□ 爱情 àiqíng 아이칭 사랑 sarang

他们的爱情真美。
Tāmen de àiqíng zhēn měi.
타먼 더 아이칭 쩐 메이
그들의 사랑은 아름답다.

□ 恐惧 kǒngjù 콩쮜 두려움 duryeoum

我对自然灾害感到恐惧。
Wǒ duì zìránzāihài gǎndào kǒngjù.
워 뚜이 쯔란짜이하이 간따오 콩쮜
나는 자연재해에 대해 두려움을 느낀다.

□ 乐趣 lèqù 러취
즐거움 jeulgeoum

□ 悲哀 bēiāi 뻬이아이
슬픔 seulpeum

□ 痛苦 tòngkǔ 퉁쿠 아픔 apeum

□ **诱惑** yòuhuò 요우후어
유혹하다, 매료시키다 yuhokhada, maeryosikida

□ **自由** zìyóu 쯔요우
자유(롭다) jayu(ropda)

관련 단어

□ **希望** xīwàng 씨왕 희망(하다) huimang(hada)

□ **感叹** gǎntàn 간탄 감탄하다 gamtanhada

□ **亲切** qīnqiè 친치에 친절하다 chinjeolhada

□ **感谢** gǎnxiè 간씨에 감사하다 gamsahada

□ **真实** zhēnshí 쩐스 진실하다 jinsilhada

□ **老实** lǎoshi 라오스 정직하다 jeongjikhada

□ **理想** lǐxiǎng 리샹 이상적이다, 만족스럽다 isangjeogida, manjokseureopda

□ **和平** hépíng 허핑 평화, 평온하다 pyeonghwa, pyeongonhada

□ **紧张** jǐnzhāng 진짱 긴장해 있다, 불안하다 ginjanghae itda, buranhada

□ **担心** dānxīn 딴신 걱정하다 geokjeonghada

□ **讨厌** tǎoyàn 타오옌 싫어하다 sireohada

□ **后悔** hòuhuǐ 호우후이 후회하다 huhoehada

A: 现在努力学习, 免得后悔。
Xiànzài nǔlì xuéxí, miǎnde hòuhuǐ.
씨엔짜이 누리 쉬에시 미엔더 호우후이
너 나중에 후회하지 말고, 지금 열심히 공부해라.

B: 你天天这么唠叨, 太难听了。
Nǐ tiāntiān zhème láodao, tài nántīng le.
니 티엔티엔 쩌머 라오다오 타이 난팅 러
매일 공부하라는 소리, 정말 싫어요!

1 인간
2 가정
3 수
4 도시
5 교통
6 언어
7 쇼핑
8 스포츠·취미
9 자연

복습문제

1 다음 단어의 병음과 뜻을 쓰세요.

嘴 _____   手 _____

鼻子 _____   头发 _____

2 다음 그림에서 부위별 이름을 적어 보세요.

a) _____

b) _____

c) _____

d) _____

e) _____

3 다음 빈칸을 한자와 병음으로 채우세요

손가락 _____   다리 _____

무릎 _____   발 _____

4 다음 단어를 중국어로 적어 보세요.

심장 _____   장 _____   피 _____

뼈 _____   근육 _____

5 다음 빈칸에 알맞은 단어를 넣으세요.

a) 我的_____是高中学生。 내 남동생은 고등학생입니다.

b) 你的_____多大？ 당신 누나는 몇 살입니까?

c) 我的_____要结婚。 나의 사촌이 결혼합니다.

6 다음 빈칸에 알맞은 단어를 넣으세요.

a) 看书的 _____ 독서하는 소녀

b) _____ 与 _____ 결혼과 이혼

c) 我不喜欢 _____。 짝사랑은 싫어요.

d) _____ 的女人 아름다운 여성

7 다음을 중국어로 바꿔 보세요.

a) 잠에서 깨다 _____   이를 닦다 _____

   얼굴을 씻다 _____   음악을 듣다 _____

b) 텔레비전을 보다 _____   낮잠 자다 _____

   출근하다 _____   듣다 _____

8 다음을 해석해 보세요.

疏忽 _____   有耐心 _____

懒 _____   无聊 _____

笨 _____

9 다음을 해석해 보세요.

性感的 _____ 个子 _____

肥 _____ 瘦 _____

累 _____ 害羞 _____

寂寞 _____

10 다음을 해석해 보세요.

害怕 _____ 乐趣 _____

担心 _____ 老实 _____

后悔 _____

정답
1 zuǐ 입 shǒu 손 bízi 코 tóufa 머리카락
2 a) 眉毛 b) 眼睛 c) 牙齿 d) 嘴唇 e) 下颌
3 手指 shǒuzhǐ 腿 tuǐ 膝盖 xīgài 脚 jiǎo
4 心脏 肠 血 骨头 筋肉
5 a) 弟弟 b) 姐姐 c) 堂兄弟
6 a) 女孩 b) 结婚, 离婚 c) 单恋 d) 漂亮
7 a) 醒 刷牙 洗脸 听音乐 b) 看电视 睡午觉 上班 听
8 부주의하다 인내심이 많다 게으르다 지루하다 어리석다
9 섹시하다 키 뚱뚱하다 여위다 지치다 부끄러워하다 쓸쓸하다
10 무섭다 즐거움 걱정하다 정직하다 후회하다

Theme 2

→ 家庭 jiātíng 찌아팅 **가정** gajeong

1 인간

2 가정

3 수

4 도시

5 교통

6 업무

7 쇼핑

8 스포츠·취미

9 자연

房子 fángzi 팡즈 **집** jip

□ **公寓** gōngyù 꽁위 아파트 APT

□ **住宅** zhùzhái 쭈자이 주택 jutaek

这座住宅装修得十分现代。

Zhè zuò zhùzhái zhuāngxiū de shífēn xiàndài。

쩌 쭈어 쭈자이 쭈앙시우 더 스펀 씨엔따이

이 주택은 장식이 상당히 현대적이에요.

□ **房租** fángzū 팡쭈 집세 jipse

□ **房东** fángdōng 팡똥 집주인 jipjuin

看来这房东很好。

Kànlái zhè fángdōng hěn hǎo。

칸라이 쩌 팡똥 헌 하오

이 집주인은 아주 좋은 것 같아.

□ **房客** fángkè 팡커 세입자 seipja

□ **押金** yājīn 야찐 보증금 bojeunggeum

押金是多少？

Yājīn shì duōshao?

야찐 쓰 뚜어샤오

보증금은 얼마예요?

□ **租赁** zūlìn 쭈린

임대[임차]하다 imdae [imcha] hada

1 인간

2 가정

3 수

4 도시

5 교통

6 업무

7 쇼핑

8 스포츠·취미

9 자연

관련 단어

- □ 居住地 jūzhùdì 쮜쭈띠 주거지 jugeoji
- □ 地址 dìzhǐ 띠즈 주소 juso
- □ 搬家 bān jiā 빤찌아 이사 isa
- □ 房地产 fángdìchǎn 팡띠찬 부동산 budongsan
- □ 重建 chóng jiàn 총찌엔 개축[재건]하다 gaechuk [jaegeon] hada
- □ 大楼 dàlóu 따로우 저택 jeotaek
- □ 别墅 biéshù 비에쓔 별장 byeoljang
- □ 幢楼 zhuànglóu 쭈앙로우 아파트의 한 동 apateuui handong
- □ 区 qū 취 구, 구역 gu, guyeok
- □ 上水道 shàngshuǐdào 쌍쉐이따오 상수도 sangsudo
- □ 下水道 xiàshuǐdào 싸쉐이따오 하수도 hasudo
- □ 电气 diànqì 띠엔치 전기 jeongi
- □ 水电 shuǐdiàn 쉐이띠엔 수도와 전기 sudowa jeongi
- □ 煤气 méiqì 메이치 가스 gas

dialogue
对话

A: 这家是什么时候重建的呢?
Zhè jiā shì shénmeshíhòu chóngjiàn de ne?
쩌 찌아 쓰 션머스호우 총찌엔 더 너
이 집은 언제 개축한 거예요?

B: 去年买了就重建了。
Qùnián mǎi le jiù chóngjiàn le.
취니엔 마이 러 찌우 총찌엔 러
작년에 구매하고 나서 바로 고쳤어요.

47

房屋外部 fángwū wàibù 팡우 와이뿌
주택 외부 jutaek goebu

❶ 房顶 fángdǐng 팡딩 지붕 jibung

❷ 窗户 chuānghu 추왕후 창문 changmun

❸ 墙壁 qiángbì 치앙삐 벽 byeok

❹ 正门 zhèngmén 쩡먼 현관, 정문 hyeongwan, jeongmun

❺ 门 mén 먼 문 mun

❻ 门铃 ménlíng 먼링 초인종 choinjong

❼ 草地 cǎodì 차오띠 잔디밭 jandibat

48

1 인간

2 가정

3 수

4 도시

5 교통

6 업무

7 소비

8 스포츠·취미

9 자연

⑧ 信箱 xìnxiāng 씬시앙 우편함 upyeonham

⑨ 地下室 dìxiàshì 띠샤쓰 지하실 jihasil

⑩ 车库 chēkù 처쿠 차고 chago

관련 단어

☐ 栅栏 zhàlán 짜란 울타리, 담장 ultari, damjang

☐ 门牌 ménpái 먼파이 문패 munpae

☐ 院子 yuànzi 위엔즈 앞마당 ammadang

☐ 庭院 tíngyuàn 팅위엔 정원 jeongwon

☐ 阳台 yángtái 양타이 베란다 veranda

☐ 仓库 cāngkù 창쿠 창고 changgo

☐ 阁楼 gélóu 꺼로우 다락 darak

☐ 楼梯 lóutī 로우티 계단 gyedan

dialogue
对话

A: 我听见门铃响了，出去看一看吧。
Wǒ tīngjiàn ménlíng xiǎng le, chūqù kànyikàn ba。
워 팅찌엔 먼링 샹 러 추취 칸이칸 바
초인종 소리가 나는데, 좀 나가 봐.

B: 不要。你去看看。
Búyào。 Nǐ qù kànkan。
부야오 니 취 칸칸
싫어, 네가 가.

A: 我在洗碗呢。
Wǒ zài xǐwǎn ne。
워 짜이 시완 너
난 지금 설거지하고 있잖아.

49

客厅 kètīng 커팅 **거실** geosil

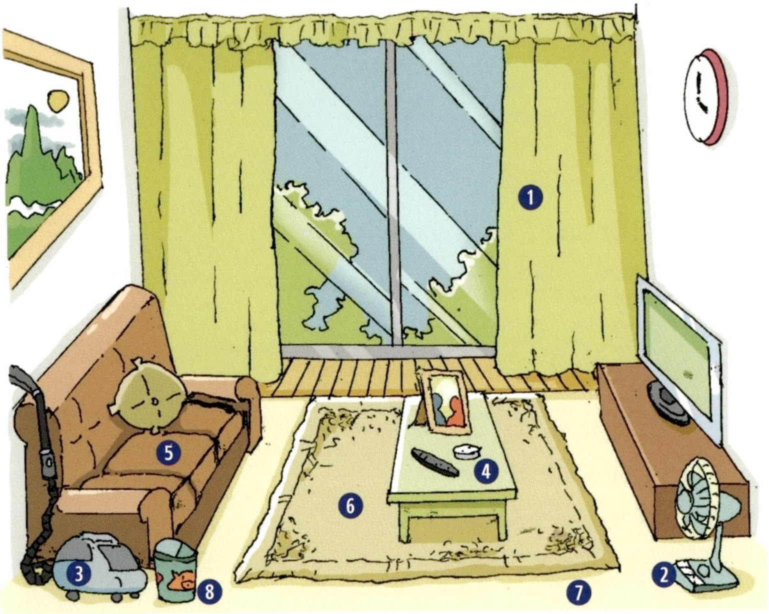

❶ 窗帘 chuānglián 추왕리엔 커튼 curtain

❷ 电扇 diànshàn 띠엔샨 선풍기 seonpunggi

❸ 吸尘器 xīchénqì 시천치 진공 청소기 jingong cheongsogi

❹ 桌子 zhuōzi 쭈어즈 탁자, 테이블 takja, table

❺ 沙发 shāfā 샤파 소파 sofa

❻ 地毯 dìtǎn 띠탄 양탄자 yangtanja

❼ 地板 dìbǎn 띠반 마루 maru

❽ 垃圾箱 lājīxiāng 라지샹 쓰레기통 sseuregitong

□ 电视机 diànshìjī 띠엔쓰찌
텔레비전 television

□ 遥控器 yáokòngqì 야오콩치 리모컨 rimokeon
这遥控器坏了。
Zhè yáokòngqì huài le。
쩌 야오콩치 화이 러
이 리모컨 고장났어.

□ 照片 zhàopiàn 짜오피엔 사진 sajin

□ 挂钟 guàzhōng 꽈쭝
벽시계 byeoksigye

관련 단어

□ 棚 péng 펑 천장 cheonjang

□ 枝形吊灯 zhīxíng diàodēng 쯔싱띠아오떵 샹들리에 chandelier

□ 柱子 zhùzi 쭈즈 기둥 gidung

□ 安乐椅 ānlèyǐ 안러이 안락의자 allaguija

□ 书柜 shūguì 슈꾸이 책장 chaekjang

□ 画儿 huàr 화-ㄹ 그림 geurim

□ 垫子 diànzi 띠엔즈 깔개, 매트 kkalgae, mat

dialogue
对话

A: 照片里的姑娘是谁?
Zhàopiàn li de gūniang shì shuí?
짜오피엔 리 더 꾸냥 쓰 쉐이
사진 속의 이 젊은 여자분은 누구야?

B: 那是20年前的我妈。
Nà shì èrshí nián qián de wǒ mā。
나 쓰 얼스 니엔 치엔 더 워 마
20년 전의 우리 엄마야.

51

1 인간
2 가정
3 수
4 도시
5 교통
6 업무
7 쇼핑
8 스포츠·취미
9 자연

厨房 chúfáng 추팡 **주방** jubang

☐ **烤面包炉** kǎomiànbāolú 카오미엔빠오루
토스터 toaster

我昨天买了烤面包炉。
Wǒ zuótiān mǎi le kǎomiànbāolú.
워 주어티엔 마이 러 카오미엔빠오루
어제 토스터를 샀어.

☐ **微波炉** wēibōlú 웨이뽀루
전자레인지 jeonjareinji

☐ **电饭锅** diànfànguō
띠엔판꾸어 **전기밥솥** jeongibapsot

☐ **洗涤槽** xǐdícáo 시디차오
싱크대 singkeudae

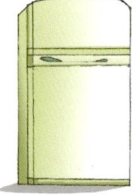

☐ **冰箱** bīngxiāng 삥샹
냉장고 naengjanggo

☐ **锅** guō 꾸어 냄비 naembi

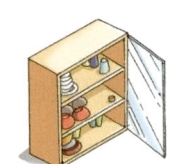

☐ **碗柜** wǎnguì 완꾸이
찬장 chanjang

☐ **煎锅** jiānguō 지엔꾸어
프라이팬 peuraipaen

☐ **壶** hú 후 주전자 jujeonja

☐ **汤勺** tāngsháo 탕샤오
국자 gukja

1 인간

2 가정

3 수

4 도시

5 교통

6 업무

7 쇼핑

8 스포츠·취미

9 자연

☐ 碗 wǎn 완
그릇 geureut

☐ 碟子 diézi 디에즈
접시 jeopsi

☐ 杯子 bēizi 뻬이즈 컵 cup
我一看可爱的杯子就要买。
Wǒ yíkàn kěài de bēizi jiù yào mǎi.
워 이 칸 커아이 더 뻬이즈 찌우 야오 마이
나는 예쁜 컵만 보면 사고 싶다.

☐ 菜刀 càidāo 차이따오
식칼 sikkal

☐ 菜板 càibǎn 차이반
도마 doma

관련 단어

☐ 烤炉 kǎolú 카오루 오븐 oven

☐ 抹布 mābù 마뿌 행주 haengju

☐ 盖子 gàizi 까이즈 뚜껑 ttukkeong

☐ 缸 gāng 깡 항아리 hangari

☐ 汤匙 tāngchí 탕츠 숟가락 sutgarak

☐ 筷子 kuàizi 콰이즈 젓가락 jeotgarak

☐ 餐刀 cāndāo 찬따오 나이프 knife

☐ 餐叉 cānchā 찬차 포크 fork

dialogue
对话

A: 用抹布擦一下桌子。
Yòng mābù cā yíxià zhuōzi.
융 마뿌 차 이쌰 쭈어즈
행주로 식탁 좀 닦아줄래?

B: 已经擦好了。
Yǐjing cā hǎo le.
이징 차 하오 러
벌써 닦았어요.

浴室 yùshì 위쓰 욕실 yoksil

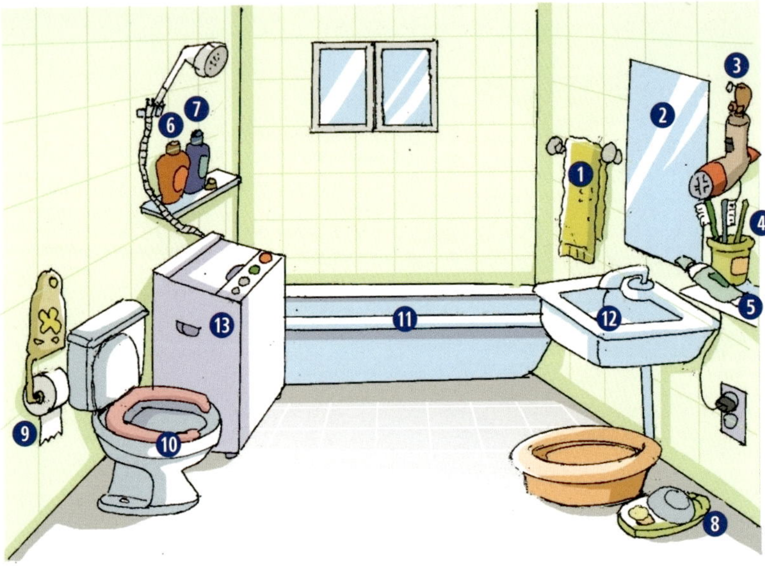

1 毛巾 máojīn 마오찐 수건 sugeon

2 镜子 jìngzi 찡즈 거울 geoul

3 吹风机 chuīfēngjī 추이펑찌 헤어 드라이어 hair dryer

4 牙刷 yáshuā 야슈아 칫솔 chitsol

5 牙膏 yágāo 야까오 치약 chiyak

6 洗发水 xǐfàshuǐ 시파쉐이 샴푸 shampoo

7 护发素 hùfàsù 후파쑤 린스 rinse

8 肥皂 féizào 페이짜오 비누 binu

54

1 인간

2 가정

3 수

4 도시

5 교통

6 업무

7 쇼핑

8 스포츠·취미

9 지역

❾ 卫生纸 wèishēngzhǐ 웨이셩즈 **화장지** hwajangji

❿ 便器 biànqì 삐엔치 **변기** byeongi

⓫ 浴池 yùchí 위츠 **욕조** yokjo

⓬ 洗脸盆 xǐliǎnpén 시리엔펀 **세숫대야, 세면기** sesutdaeya, semyeongi

⓭ 洗衣机 xǐyījī 시이찌 **세탁기** setakgi

관련 단어

☐ 浴衣 yùyī 위이 **목욕 가운** mogyok gaun

☐ 洗澡水 xǐzǎoshuǐ 시자오쉐이 **목욕물** mogyongmul

☐ 洗头 xǐ tóu 시토우 **머리를 감다** (= 洗发 xǐ fà) meorireul gamda

☐ 淋浴器 línyùqì 린위치 **샤워기** syawogi

☐ 水龙头 shuǐlóngtóu 쉐이롱토우 **수도꼭지** sudokkokji

☐ 洗涤物 xǐdíwù 시디우 **세탁물** setangmul

☐ 洗涤剂 xǐdíjì 시디찌 **세제** seje

☐ 泡儿 pàor 파오-르 **거품** geopum

☐ 洗衣夹 xǐyījiā 시이지아 **빨래집게** ppallaejipge

☐ 排水口 páishuǐkǒu 파이쉐이코우 **배수구** baesugu

dialogue
对话

A: 妈妈，洗发水没了。
　　Māma, xǐfàshuǐ méi le。
　　마마 시파쉐이 메이 러
　　엄마, 샴푸가 다 떨어졌어요.

B: 是吗？我以为刚买了呢。
　　Shì ma? Wǒ yǐwéi gāng mǎi le ne。
　　쓰 마 워 이웨이 깡 마이 러 너
　　그래? 새로 산 지 얼마 안 된 거 같은데.

卧室 wòshì 워쓰 **침실** chimsil

❶ 床 chuáng 추앙 **침대** chimdae

❷ 枕头 zhěntou 전토우 **베개** begae

❸ 被单 bèidān 뻬이딴 **침대보** chimdaebo

❹ 毯子 tǎnzi 탄즈 **담요, 모포** damnyo, mopo

❺ 台灯 táidēng 타이떵 **스탠드** stand

❻ 桌子 zhuōzi 쭈어즈 **책상** chaeksang

❼ 椅子 yǐzi 이즈 **의자** uija

❽ 柜橱 guìchú 꾸이추 **서랍장, 수납장** seorapjang, sunapjang

56

1 인간

2 가정

3 수

4 도시

5 교통

6 업무

7 쇼핑

8 스포츠·취미

9 자연

관련 단어

- □ 闹钟 nàozhōng 나오쭝 알람 시계 allamsigye
- □ 加湿器 jiāshīqì 찌아스치 가습기 gaseupgi
- □ 衣柜 yīguì 이꾸이 옷장 otjang
- □ 梳妆台 shūzhuāngtái 슈쭈왕타이 화장대 hwajangdae (= 镜台 jìngtái)
- □ 抽屉 chōutì 쵸우티 서랍 seorap
- □ 单人床 dānrénchuáng 딴런추왕 싱글 베드 single bed, 1인용 침대
  irinnyong chimdae
- □ 双人床 shuāngrénchuáng 슈왕런추왕 더블 베드 double bed, 2인용 침대
  iinyong chimdae
- □ 双层床 shuāngcéngchuáng 슈왕청추왕 2단 침대 idan chimdae

dialogue
对话

A: 你的房间很脏!
　　Nǐ de fángjiān hěn zāng!
　　니 더 팡지엔 헌 짱
　　방이 엄청 더럽다!

B: 我知道。可是没有时间打扫。
　　Wǒ zhīdào。Kěshì méiyǒu shíjiān dǎsǎo。
　　워 쯔다오 커쓰 메이요우 스지엔 다싸오
　　알고 있어. 그런데 치울 시간이 없네.

A: 那么, 我帮你打扫。
　　Nàme wǒ bāng nǐ dǎsǎo。
　　나머 워 빵 니 다싸오
　　그럼 내가 도와줄게.

B: 谢谢!
　　Xièxie!
　　씨에씨에
　　고마워!

娃娃的房间 wáwa de fángjiān 와와 더 팡찌엔
아기 방 agi bang

□ 步行机 bùxíngjī 뿌싱찌
보행기 | bohaenggi

□ 玩具 wánjù 완쮜 장난감 jangnangam
我今天玩玩具。
Wǒ jīntiān wán wánjù.
워 찐티엔 완 완쮜
오늘, 나는 장난감을 잘 가지고 놀았다.

□ 婴儿便器 yīng'ér biànqì 잉얼삐엔치
유아용 변기 yuayong byeongi
慢慢儿开始用婴儿便器吧。
Mànmānr kāishǐ yòng yīngérbiànqì ba.
만말 카이스 융 잉얼삐엔치 바
이제 유아용 변기를 사용해 봐요

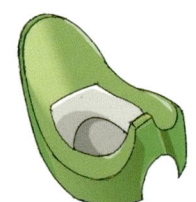

□ 布娃娃 bùwáwa 뿌와와 인형 inhyeong
我的孩子最喜欢布娃娃。
Wǒ de háizi zuì xǐhuān bùwáwa.
워 더 하이즈 쭈이 시환 뿌와와
우리 아기는 인형을 가장 좋아한다.

□ 摇篮 yáolán 야오란 요람 yoram
小孩儿在摇篮里睡觉。
Xiǎoháir zài yáolán lǐ shuìjiào.
샤오할 짜이 야오란 리 쉐이지아오
아기가 요람에서 자고 있다.

1 인간

2 가정

3 수

4 도시

5 교통

6 양무

7 쇼핑

8 스포츠·취미

9 자연

관련 단어

□ **婴儿床** yīng'érchuáng 잉얼추앙 유아용 침대 yuayongchimdae
(= **娃娃床** wáwachuáng)

□ **婴儿床保险杆** yīng'érchuáng bǎoxiǎngān 잉얼추앙바오시엔깐
침대 완충대 chimdae wanchungdae

□ **衣柜** yīguì 이꾸이 장롱 jangnong

□ **婴儿椅** yīng'éryǐ 잉얼이 유아 의자 yua uija

□ **童车** tóngchē 퉁처 유모차 yumocha

□ **玩具箱** wánjùxiāng 완쮜샹 장난감 상자 jangnangamsangja

□ **风动饰物** fēngdòng shìwù 펑뚱쓰우 모빌 mobile

□ **围嘴儿** wéizuǐr 웨이쭈얼 턱받이 teokbaji

□ **尿布** niàobù 니아오뿌 기저귀 gijeogwi

□ **背带裤** bēidàikù 뻬이따이쿠 멜빵 바지 melppangbaji

dialogue
对话

A: 我要买童车。
　 Wǒ yào mǎi tóngchē.
　 워 야오 마이 퉁처
　 유모차를 사려고 하는데요.

B: 这个怎么样?
　 Zhège zěnmeyàng?
　 찌거 쩐머양
　 그러면 이거 어떠세요?

A: 不错。多少钱呢?
　 Búcuò. Duōshaoqián ne?
　 부추어 뚜어샤오 치엔 너
　 음, 좋아 보이네요. 그런데 가격은요?

工具·杂货 gōngjù·záhuò 꽁쮜·자후어

공구·잡화 gonggu·japwa

□ 螺丝刀 luósīdāo 루어쓰따오
드라이버 driver

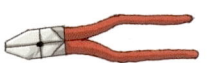

□ 铁钳 tiěqián 티에치엔
펜치 pincers

□ 剪子 jiǎnzi 지엔즈
가위 gawi

□ 锯 jù 쮜 톱 top

□ 电锯 diànjù 띠엔쮜
전기톱 jeongitop

□ 斧子 fǔzi 푸즈
도끼 dokki

□ 梯子 tīzi 티즈
사다리 sadari

□ 钉子 dīngzi 띵즈
못 mot

□ 铁锤 tiěchuí 티에추이 망치 mangchi
他用铁锤钉钉子。
Tā yòng tiěchuí dìng dīngzi.
타 융 티에추이 띵 띵즈
그는 망치로 못을 박았다.

□ 锹 qiāo 치아오 삽 sap

60

1 인간

2 가정

3 수

4 도시

5 교통

6 업무

7 쇼핑

8 스포츠·취미

9 자연

□ 扫帚 sàozhou 싸오조우
빗자루 bitjaru

□ 撮箕 cuōjī 추어찌 쓰레받기| sseurebatgi
用撮箕把垃圾撮走。
Yòng cuōjī bǎ lājī cuōzǒu。
융 추어찌 바 라지 추어조우
쓰레받기로 쓰레기를 쓸어담았다.

관련 단어

□ 十字形螺丝刀 shízìxíng luósīdāo 스즈싱루어쓰따오 십자 드라이버 sipja deuraibeo

□ 锉 cuò 추어 줄, 줄칼 jul, julkal

□ 软尺 ruǎnchǐ 루안츠 줄자 julja

□ 铁丝 tiěsī 티에쓰 철사 cheolsa

□ 镐 gǎo 까오 곡괭이 gokgwaengi

□ 胶水 jiāoshuǐ 찌아오쉐이 풀 pul

□ 胶粘剂 jiāozhānjì 찌아오짠찌 접착제 jeopchakje

□ 泡沫塑料 pàomò sùliào 파오모쑤리아오 스티로폼 styrofoam

□ 塑料袋 sùliào dài 쑤리아오따이 비닐 봉지 binilbongji

□ 白铁罐 báitiěguàn 바이티에꽌 양동이 yangdongi

□ 插口 chākǒu 차코우 콘센트 konsenteu

□ 衣架 yījià 이찌아 옷걸이 otgeori

□ 线 xiàn 씨엔 실 sil

□ 针 zhēn 쩐 바늘 baneul

□ 抹布 mábù 마뿌 걸레 geolle

□ 垃圾 lājī 라지 쓰레기 sseuregi

復習問題

복습문제

1 다음을 해석하고 병음을 달아 보세요.

房租 ________________　　　住宅 ________________

地址 ________________　　　押金 ________________

草地 ________________　　　公寓 ________________

2 다음 그림을 단어와 연결시키세요.

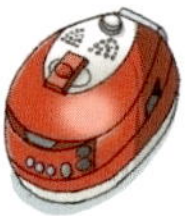
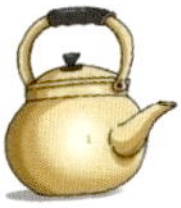
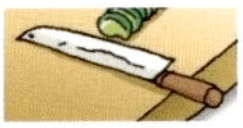
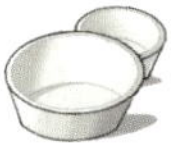
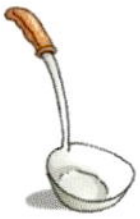

•　　•　　•　　•　　•

•　　•　　•　　•　　•

碗　　菜刀　　电饭锅　　汤勺　　壶

3 다음 단어를 중국어 혹은 우리말로 바꾸세요.

a) 선풍기 ____________　　　마루 ____________

벽시계 ____________　　　기둥 ____________

소파 ____________

b) 거울 ____________　　　욕조 ____________

洗衣机 ____________　　　毯子 ____________

서랍 ____________

c) 布娃娃 ____________　　　장난감 ____________

尿布 ____________　　　요람 ____________

d) 가위 _____ 锯 _____

사다리 _____ 扫帚 _____

镐 _____ 걸레 _____

4 다음 발음을 보고 중국어로 표기해 보세요.

zhuōzi (책상) _____ tǎnzi (담요) _____

dīngzi (못) _____ xiàn (실) _____

zhēn (바늘) _____

THEMATIC CHINESE WORDS

Theme ③

→ 数 shù 슈 수 su

1 인간

2 가정

3 수

4 도시

5 교통

6 업무

7 쇼핑

8 스포츠·취미

9 자연

数字 shùzì 슈즈 **숫자** sutja

□ 0 零 líng 링 yeong/zero

□ 1 一 yī 이 il

□ 2 二 èr 얼 i

□ 3 三 sān 싼 sam

□ 4 四 sì 쓰 sa

□ 5 五 wǔ 우 o

□ 6 六 liù 리우 yuk

□ 7 七 qī 치 chil

□ 8 八 bā 빠 pal

□ 9 九 jiǔ 지우 gu

□ 10 十 shí 스 sip

1 인간

2 가정

3 수

4 도시

5 교통

6 업무

7 쇼핑

8 스포츠·취미

9 지역

□ 11 十一 shíyī 스이 sibil

□ 16 十六 shíliù 스리우 simnyuk

□ 12 十二 shí'èr 스얼 sibi

□ 17 十七 shíqī 스치 sipchil

□ 13 十三 shísān 스싼 sipsam

□ 18 十八 shíbā 스빠 sippal

□ 14 十四 shísì 스쓰 sipsa

□ 19 十九 shíjiǔ 스지우 sipgu

□ 15 十五 shíwǔ 스우 sibo

□ 20 二十 èrshí 얼스 isip

□ 30 三十 sānshí 싼스 samsip

□ 70 七十 qīshí 치스 chilsip

□ 40 四十 sìshí 쓰스 sasip

□ 80 八十 bāshí 빠스 palsip

□ 50 五十 wǔshí 우스 osip

□ 90 九十 jiǔshí 지우스 gusip

□ 60 六十 liùshí 리우스 yuksip

□ 100 一百 yībǎi 이바이 (1백) baek

□ 1,000 一千 yīqiān 이치엔 (1천) cheon

□ 10,000 一万 yīwàn 이완 (1만) man, ilman

□ 100,000 十万 shíwàn 스완 (10만) simman

□ 1,000,000 一百万 yībǎiwàn 이바이완 (백만) baengman

□ 10,000,000 一千万 yīqiānwàn 이치엔완 (천만) cheonman

□ 0.3 零点三 líng diǎn sān 링디엔싼 yeong jjeom sam

□ 1/5 五分之一 wǔ fēnzhī yī 우펀즈이 obunuiil

□ 70% 百分之七十 bǎi fēnzhī qīshí 바이펀즈치스 chilsip percent

관련 단어

□ 单数 dānshù 딴슈 홀수 holsu

□ 双数 shuāngshù 슈앙슈 짝수 jjaksu

□ 基数 jīshù 지슈 기수 gisu

□ 序数 xùshù 쒸수 서수 seosu

□ 分数 fēnshù 펀슈 분수 bunsu

□ 大于~ dàyú~ 따위~ ~보다 크다 ~boda keuda

□ 小于~ xiǎoyú~ 샤오위~ ~보다 작다 ~boda jakda

□ 等于~ děngyú~ 떵위~ ~와 같다 ~wa gatda

□ 不等于~ bùděngyú~ 뿌떵위~ ~와 같지 않다 ~wa gatji anta

□ 算 suàn 쑤안 세다, 계산하다 seda, gyesanhada

□ 两倍 liǎngbèi 량뻬이 두 배 du bae

□ 平均 píngjūn 핑쥔 평균 pyeonggyun

dialogue
对话

A: 请告诉我你的电话号码。
Qǐng gàosu wǒ nǐ de diànhuà hàomǎ.
칭 까오수 워 니 더 띠엔화하오마
네 전화번호 좀 가르쳐 줄래?

B: 嗯。零九八二二五零四六三。
Ēng. Língjiǔbāèrèrwǔlíngsìliùsān.
엉 링지우빠얼얼우링쓰리우싼
응, 0982-250-4630이야.

1 인간

2 가정

3 수

4 도시

5 교통

6 업무

7 쇼핑

8 스포츠·취미

9 지연

dialogue
对话

A: 章鱼有8个脚吗?
Zhāngyú yǒu bā ge jiǎo ma?
쨩위 요우 빠 거 지아오 마
문어 다리가 여덟 개니?

B: 你突然问我, 我也想不出来。9个吧?
Nǐ tūrán wèn wǒ, wǒ yě xiǎngbuchūlái。 jiǔ ge ba?
니 투란 원 워 워 예 샹부추라이 지우 거 바
갑자기 물으니까 나도 헷갈리는데. 아홉 개 아니야?

A: 别开玩笑。
Bié kāiwánxiào。
비에 카이완샤오
장난하지 마.

A: 哎哟。一支铅笔也没有。能借给我吗?
Àiyō。 Yīzhī qiānbǐ yě méiyǒu。 néng jiè gěi wǒ ma?
아이요 이 쯔 치엔비 예 메이요우 넝 찌에 게이 워 마
이런. 연필이 한 자루도 없네. 좀 빌려줄 수 있니?

B: 行。我有3支笔。
Xíng。 Wǒ yǒu sān zhī bǐ。
싱 위 요우 싼 쯔 비
그렇게. 난 세 자루나 있거든.

计算 jìsuàn 찌쑤안 계산 gyesan

□ 横 héng 헝
가로의, 횡의 garoui, hoengui

□ 纵 zòng 쫑
세로의, 종의 seroui, jongui

□ 距离 jùlí 쮜리
거리 geori

□ 面积 miànjī 미엔찌
넓이, 면적 neolbi, myeonjeok

□ 深度 shēndù 선뚜
깊이 gipi

□ 高低 gāodī 까오띠
높이 nopi

□ 重量 zhòngliàng 쭝량
무게 muge

□ 厚薄 hòubó 호우보
두께 dukke

□ 体积 tǐjī 티찌
부피 bupi

□ 速度 sùdù 쑤뚜 속도 sokdo

1 인간

2 가정

3 수

4 도시

5 교통

6 업무

7 쇼핑

8 스포츠·취미

9 자연

관련 단어

☐ **大小** dàxiǎo 따샤오 크기 keugi

☐ **长短** chángduǎn 창두안 길이, 치수 giri, chisu

☐ **米** mǐ 미 미터(m)

☐ **平方米** píngfāngmǐ 핑팡미 평방미터, 제곱미터(㎡)

☐ **克** kè 커 그램(g)

☐ **吨** dūn 뚠 톤(t)

☐ **升** shēng 성 리터(ℓ)

☐ **英里** yīnglǐ 잉리 마일(mile, 1mile = 1.6km)

☐ **毫米** háomǐ 하오미 밀리미터(mm)

☐ **厘米** límǐ 리미 센티미터(cm)

☐ **公里** gōnglǐ 꽁리 킬로미터(km)

☐ **加法** jiāfǎ 찌아파 덧셈 deotsem　　☐ **减法** jiǎnfǎ 찌엔파 뺄셈 ppaelsem

☐ **乘法** chéngfǎ 청파 곱셈 gopsem　　☐ **除法** chúfǎ 추파 나눗셈 nanutsem

☐ **五加九是十四。** Wǔ jiā jiǔ shì shísì. 우 찌아 지우 쓰 스쓰 5 더하기 9는 14

☐ **十除二是五。** Shí chú èr shì wǔ. 스추 얼 쓰 우 10 나누기 2는 5

dialogue
对话

A: **那条江有多深?**
　Nà tiáo jiāng yǒu duō shēn?
　나 티아오 지앙 요우 뚜어선
　저 강물은 얼마나 깊을까?

B: **大约10米多。**
　Dàyuē shí mǐ duō.
　따위에 스 미 뚜어
　아마 10미터는 넘을 거야.

图形 túxíng 투싱 **도형** dohyeong

☐ 圆 yuán 위엔
원, 동그라미 won, donggeurami

我的脸是圆圆的
Wǒ de liǎn shì yuányuánde。
워 더 리엔 쓰 위엔위엔 더
내 얼굴은 동그랗다.

☐ 三角形 sānjiǎoxíng 싼지아오싱
삼각형 samgakhyeong

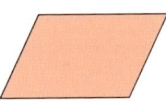

☐ 平行四边形 píngxíng sìbiānxíng 핑싱쓰삐엔싱
평행사변형 pyeonghaengsabyeonhyeong

☐ 正方形 zhèngfāngxíng 쩡팡싱
정사각형 jeongsagakhyeong

正方形的四个边的长度是一样的。
Zhèngfāngxíng de sì ge biān de chángdù shì yíyàng de。
쩡팡싱 더 쓰 거 삐엔 더 창뚜 쓰 이양 더
정사각형은 네 변의 길이가 같다.

☐ 长方形 chángfāngxíng 창팡싱
직사각형 jiksagakhyeong

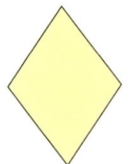

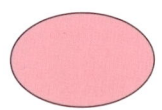

☐ 菱形 língxíng 링싱
마름모 mareummo

☐ 椭圆形 tuǒyuánxíng 투어위엔싱
타원형 tawonhyeong

□ **五角形** wǔjiǎoxíng 우지아오싱
오각형 ogakhyeong

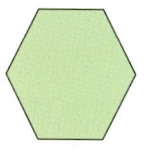

□ **六角形** liùjiǎoxíng 리우지아오싱
육각형 yukgakhyeong

蜂窝是六角形。
Fēngwō shì liùjiǎoxíng。
펑워 쓰 리우지아오싱
벌집은 육각형이다.

□ **球** qiú 치우 구 gu
我们的地球是球形。
Wǒmen de dìqiú shí qiuxíng。
워먼 더 띠치우 쓰 치우싱
우리가 사는 지구는 구형이다.

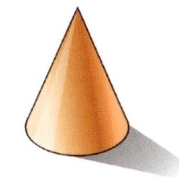

□ **圆锥形** yuánzhuīxíng 위엔쭈이싱
원추형 wonchuhyeong

□ **立方体** lìfāngtǐ 리팡티
정육면체 jeongyungmyeonche

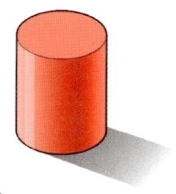

□ **正圆柱** zhèngyuánzhù 쩡위엔쭈
원기둥 wongidung

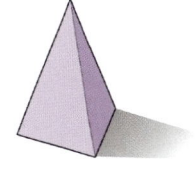

□ **角锥** jiǎozhuī 지아오쭈이
각뿔 gakppul

1 인간

2 가정

3 수

4 도시

5 교통

6 업무

7 쇼핑

8 스포츠·취미

9 자연

月历 yuèlì 위에리 **달력** dallyeok

季节 jìjié 찌지에 계절

□ 春天 chūntiān 춘티엔
봄 bom

□ 夏天 xiàtiān 싸티엔
여름 yeoreum

□ 冬天 dōngtiān 똥티엔
겨울 gyeoul

□ 秋天 qiūtiān 치우티엔
가을 gaeul

관련 단어

□ 四季 sìjì 쓰찌 **사계절** sagyejeol

□ 春夏秋冬 chūn xià qiū dōng 춘쌰치우똥 **춘하추동** chunhachudong

1 인간

2 가정

3 수

4 도시

5 교통

6 외무

7 쇼핑

8 스포츠·취미

9 자연

月 yuè 위에 **월** wol

☐ 一月 yīyuè 이위에 1월 irwol　　二月 èryuè 얼위에 2월 iwol

☐ 三月 sānyuè 싼위에 3월 samwol　　四月 sìyuè 쓰위에 4월 sawol

☐ 五月 wǔyuè 우위에 5월 owol　　六月 liùyuè 리우위에 6월 yuwol

☐ 七月 qīyuè 치위에 7월 chirwol　　八月 bāyuè 빠위에 8월 parwol

☐ 九月 jiǔyuè 지우위에 9월 guwol　　十月 shíyuè 스위에 10월 siwol

☐ 十一月 shíyīyuè 스이위에 11월 sibirwol　　十二月 shíèryuè 스얼위에 12월 sibiwol

dialogue
对话

A: 你喜欢什么季节?
　Nǐ xǐhuān shénme jìjié?
　니 시환 션머 찌지에
　어느 계절을 좋아하세요?

B: 我喜欢秋天。
　Wǒ xǐhuān qiūtiān。
　워 시환 치우티엔
　가을을 좋아해요.

A: 是吗? 我也是。
　Shì ma? Wǒ yě shì。
　쓰 마 워 예 쓰
　그래요? 저도 그래요.

纪念日 jìniànrì 지녠뤼 **기념일, 특별한 날** ginyeomil, teukbyeolhan nal

□ **生日** shēngrì 셩르
생일 saengil

□ **春节** chūnjié 춘지에
설, 춘절 seol, chunjeol
每年的春节我回家乡。
Měinián de chūnjié wǒ huí jiāxiāng。
메이니엔 더 춘지에 워 후이 찌아샹
매년 설이면 나는 고향에 간다.

□ **中秋节** zhōngqiūjié 쭝치우지에 추석 chuseok
每到中秋节，妈妈做很多好吃的菜。
Měidào Zhōngqiūjié māma zuò hěn duō hǎochī de cài。
메이 따오 쭝치우지에 마마 쭈어 헌 뚜어 하오츠 더 차이
매번 추석이 되면 어머니는 맛있는 음식을 잔뜩 해 주신다.

□ **圣诞节** shèngdànjié 셩딴지에
크리스마스 christmas
我们在圣诞节前夜见面吧。
Wǒmen zài Shèngdànjié qiányè jiànmiàn ba。
워먼 짜이 셩딴지에 치엔예 찌엔미엔 바
우리 크리스마스 이브에 만나자.

□ **情人节** qíngrénjié 칭런지에
밸런타인데이 Valentine Day

1 인간

2 가정

3 수

4 도시

5 교통

6 요무

7 쇼핑

8 스포츠·취미

9 자연

관련 단어

□ **节日** jiérì 지에르 명절, 경축일 myeongjeol, gyeongchugil

□ **新年** xīnnián 신니엔 신년, 새해 sinnyeon, saehae

□ **元旦** yuándàn 위엔딴 원단, 설날, 양력 1월 1일 wondan, seollal, yangnyeok irworiril

□ **端午节** duānwǔjié 뚜안우지에 단오절 danojeol (음력 5월 5일)

□ **中国三大节日** Zhōngguósāndàjiérì 쭝구어 싼 따 지에르 중국 3대 명절
  China samdae myeongjeol (端午节·中秋节·春节를 가리킴.)

□ **儿童节** értóngjié 얼퉁지에 어린이날 eorininal (중국 대륙은 6월 1일, 타이완은 4월 4일)

□ **父亲节** fùqīnjié 푸친지에 아버지의 날 abeojiui nal (매년 6월 셋째 주 일요일)

□ **母亲节** mǔqīnjié 무친지에 어머니의 날 eomeoniui nal (매년 5월 둘째 주 일요일)

□ **国庆节** guóqìngjié 구어칭지에 국경절 gukgyeongjeol
  [1949년 10월 1일, 베이징 톈안먼광장(天安门广场)에서 마오쩌둥 주석이 중화인민공화국
  (中华人民共和国)성립을 선포한 후, 매년 10월 1일을 국경절로 제정함.]

□ **花甲** huājiǎ 화지아 환갑 hwangap

星期 xīngqī 씽치 요일

□ **星期一** xīngqīyī 씽치이 월요일 rworyoil

□ **星期二** xīngqī'èr 씽치얼 화요일 hwayoil

□ **星期三** xīngqīsān 씽치싼 수요일 suyoil

□ **星期四** xīngqīsì 씽치쓰 목요일 mogyoil

□ **星期五** xīngqīwǔ 씽치우 금요일 geumnyoil

□ **星期六** xīngqīliù 씽치리우 토요일 toyoil

□ **星期天** xīngqītiān 씽치티엔 일요일 iryoil

时间 shíjiān 스찌엔 시간 sigan

□ **点** diǎn 디엔
시 si

→ □ **分钟** fēnzhōng 펀쫑
분 bun

→ □ **秒** miǎo 미아오
초 cho

□ **凌晨** língchén 링천
새벽 saebyeok

□ **早上** zǎoshàng 자오쌍
아침 achim
今天早上心情很愉快。
Jīntiān zǎoshàng xīnqíng hěn yúkuài。
쩐티엔 자오쌍 신칭 헌 위콰이
오늘 아침 기분이 너무 좋아.

□ **中午** zhōngwǔ 쫑우
정오 jeongo

□ **深夜** shēnyè 선예
한밤중, 심야
hanbamjung, simnya

□ **白天** báitiān 바이티엔
낮 nat

□ **夜** yè 예 밤 bam

□ **下午** xiàwǔ 싸우
오후 ohu

□ **晚上** wǎnshàng 완쌍
저녁 jeonyeok
今天晚上打算跟朋友见面。
Jīntiān wǎnshàng dǎsuàn gēn péngyou jiànmiàn。
쩐티엔 완쌍 다쑤안 껀 펑요우 찌엔미엔
오늘 저녁에 친구와 만나기로 했다.

1 인간

2 가정

3 수

4 도시

5 교통

6 업무

7 쇼핑

8 스포츠·취미

9 자연

☐ **前天** qiántiān 치엔티엔 그저께 geujeokke

爸爸妈妈前天去法国旅游。
Bàba māma qiántiān qù fǎguó lǚyóu.
빠바마마 치엔티엔 취 파구어 뤼요우
아빠와 엄마는 그저께 프랑스로 여행을 가셨어요.

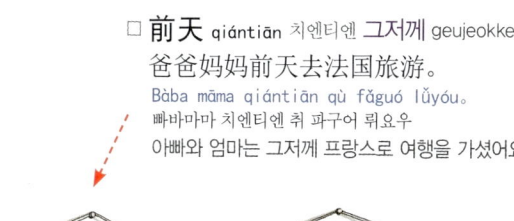

☐ **昨天** zuótiān 주어티엔
어제 eoje

☐ **今天** jīntiān 찐티엔
오늘 oneul

☐ **明天** míngtiān 밍티엔
내일 naeil

☐ **后天** hòutiān 호우티엔 모레 more

后天我姐姐结婚。
Hòutiān wǒ jiějie jiéhūn.
호우티엔 워 지에지에 지에훈
모레는 언니가 결혼하는 날이다.

관련 단어

☐ **日子** rìzi 르즈 날짜 naljja

☐ **平日** píngrì 핑르 평일 pyeongil

☐ **周末** zhōumò 쪼우모 주말 jumal

☐ **世纪** shìjì 스찌 세기 segi

☐ **过去** guòqù 꾸어취 과거 gwageo

☐ **现在** xiànzài 시엔짜이 현재 hyeonjae

☐ **未来** wèilái 웨이라이 미래 mirae

- □ **以后** yǐhòu 이호우 나중 najung
- □ **刚才** gāngcái 깡차이 방금, 지금 banggeum, jigeum
- □ **从今** cóngjīn 총찐 이제부터 ijebuteo
- □ **一直** yīzhí 이즈 계속, 줄곧 gyesok julgot
- □ **有时** yǒushí 요우스 때때로, 이따금 ttaettaero, ittageum
- □ **时而** shí'ér 스얼 가끔 gakkeum
- □ **第一** dìyī 띠이 제1, 최초, 첫(번)째 jeil, choecho, cheot(beon)jjae
- □ **最初** zuìchū 쭈이추 최초, 처음, 맨 먼저 choecho, cheoeum, maen meonjeo
- □ **最后** zuìhòu 쭈이호우 마지막 majimak
- □ **现在** xiànzài 씨엔짜이 지금 jigeum
- □ **瞬间** shùnjiān 쑨찌엔 순간 sungan

- □ **上星期** shàngxīngqī 쌍씽치 지난주 jinan ju
- □ **这个星期** zhègexīngqī 쩌거씽치 이번 주 ibeon ju
- □ **下星期** xiàxīngqī 싸씽치 다음 주 daeum ju
- □ **每天** měitiān 메이티엔 매일 maeil
- □ **每周** měizhōu 메이쪼우 매주 maeju
- □ **每月** měiyuè 메이위에 매월 maewol
- □ **每年** měinián 메이니엔 매년 maenyeon

□ **上午4点** shàngwǔ sìdiǎn 쌍우쓰디엔
오전 4시 | ojeon nesi

□ **下午3点15分** xiàwǔ sāndiǎn shíwǔfēn 싸우싼디엔스우펀
오후 3시 15분 | ohu sesi sibobun

□ **2:30** **两点三十分** liǎngdiǎn sānshífēn 량디엔싼스펀 2시 30분 dusi sipbun
(2시는 二点이 아니라 **两点**으로 표현한다. 이는 숫자 2가 양사 앞에 쓰일 때 两으로 발음되기 때문이다.)

□ **9:05** **九点五分** jiǔdiǎn wǔfēn 지우디엔우펀 9시 5분 ahopsi obun

□ **3:45** **三点四十五分** sāndiǎn sìshíwǔfēn 싼디엔쓰우펀 3시 45분 sesi sasibobun

dialogue
对话

A: 星期六跟我去玩吧。
Xīngqīliù gēn wǒ qù wán ba。
씽치리우 껀 워 취 완 바
토요일에 나랑 같이 놀러 가요.

B: 真的吗? 听起来好玩!
Zhēndema? Tīngqǐlái hǎowán!
쩐더마 팅치라이 하오완
정말요? 재미있겠네요!

A: 我什么时候去接你?
Wǒ shénmeshíhòu qù jiē nǐ?
워 션머스호우 취 찌에 니
언제 데리러 갈까요?

B: 早上10点左右。
Zǎoshàng shí diǎn zuǒyòu。
자오쌍 스 디엔 주어요우
오전 열 시쯤 와 주세요.

1 인간
2 가정
3 수
4 도시
5 교통
6 업무
7 쇼핑
8 스포츠·취미
9 자연

復習問題

복습문제

1 다음 숫자를 병음으로 써보세요.

23 ____________________　　56 ____________________

89 ____________________　　352 ____________________

5846 ____________________

2 다음을 중국어로 바꾸세요.

가로의 ______________　　세로의 ______________

거리 ______________　　깊이 ______________

무게 ______________　　높이 ______________

3 다음 단어를 해석하고 병음을 써보세요.

冬天 ____________________　　夏天 ____________________

秋天 ____________________　　春天 ____________________

季节 ____________________　　星期五 ____________________

星期天 ____________________　　春节 ____________________

情人节 ____________________

4 다음 그림을 단어와 연결시키세요.

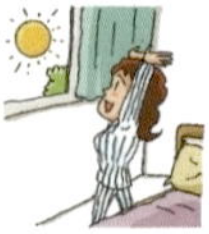
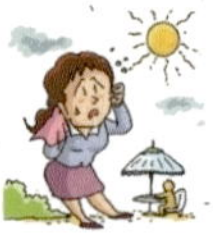
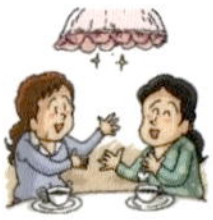
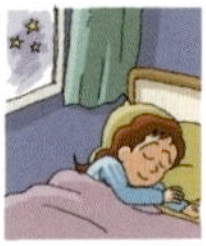
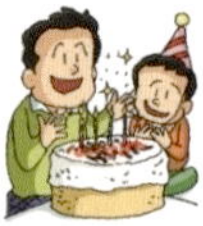

夜　　白天　　生日　　早上　　晚上

5 다음 병음을 중국어로 써보세요.

zuótiān (어제) _____   míngtiān (내일) _____

jīntiān (오늘) _____   yīzhí (줄곧) _____

xiànzài (현재) _____   guòqù (과거) _____

měitiān (매일) _____

6 다음 시간을 중국어로 답하세요.

4:25 _____   10:45 _____

1:10 _____   오후 8:00 _____

 정답

1 èrshísān   wǔshíliù   bāshíjiǔ   sānbǎi wǔshí'èr   wǔqiān bābǎi sìshíliù

2 横   纵   距离   深度   重量   高低

3 겨울 dōngtiān   여름 xiàtiān   가을 qiūtiān   봄 chūntiān   계절 jìjié
금요일 xīngqīwǔ   일요일 xīngqītiān   설날 chūnjié   밸런타인데이 qíngrénjié

4 아침 – 早上   낮 – 白天   저녁 – 晚上   밤 – 夜   생일 – 生日

5 昨天   明天   今天   一直   现在   过去   每天

6 四点二十五分   十点四十五分   一点十分   下午八点

Theme 4

→ 城市 chéngshì 청쓰 도시 dosi

1 인간
2 가정
3 수
4 도시
5 교통
6 업무
7 쇼핑
8 스포츠·취미
9 자연

市区 shìqū 쓰취 시내 지역 sinae jiyeok

□ 公寓 gōngyù 꽁위
아파트 APT

□ 公安局 gōng'ānjú 꽁안쥐
경찰서 gyeongchalseo

□ 学校 xuéxiào 쉬에쌰오
학교 hakgyo

你要迟到了。快去学校吧!
Nǐ yào chídào le。Kuài qù xuéxiào ba!
니 야오 츠따오 러 콰이 취 쉬에쌰오 바
지각하겠다, 빨리 학교에 가.

□ 图书馆 túshūguǎn 투슈관
도서관 doseogwan

□ 药房 yàofáng 야오팡
약국 yakguk

□ 电影院 diànyǐngyuàn 띠엔잉위엔
영화관 yeonghwagwan

□ 牌子 páizi 파이즈
간판 ganpan

□ 百货大楼 bǎihuò dàlóu 바이후어따로우
백화점 baekhwajeom (= 百货店 bǎihuòdiàn)

那是新的百货大楼。
Nà shì xīnde báihuòdàlóu。
나 쓰 신 더 바이후어따로우
저게 새로 짓는 백화점 건물이래.

□ 商店 shāngdiàn 샹띠엔
가게 gage

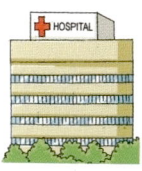

□ 医院 yīyuàn 이위엔 병원 byeongwon

我嗓子好痛！要去医院呢。
Wǒ sǎngzi hǎo tòng! Yào qù yīyuàn ne.
위 상즈 하오 퉁 야오 취 이위엔 너
목이 너무 아파. 병원에 가 봐야겠어.

□ 邮局 yóujú 요우쥐 우체국 ucheguk

第三号窗口的邮务员帮我寄邮包。
Dì sān hào chuāngkǒu de yóuwùyuán bāng
wǒ jì yóubāo.
띠 싼 하오 추앙코우 더 요우우위엔 빵 워 찌
요우빠오
3번 창구의 우체국 직원이 내 소포를 접수했다.

관련 단어

□ 多层建筑 duōcéng jiànzhù 뚜어청찌엔쭈 고층 건물 gocheung geonmul

□ 大厦 dàshà 따샤 빌딩 building

□ 博物馆 bówùguǎn 보우관 박물관 bangmulgwan

□ 纪念馆 jìniànguǎn 찌니엔관 기념관 ginyeomgwan

□ 美术管 měishùguǎn 메이슈관 미술관 misulgwan

□ 工厂 gōngchǎng 꿍창 공장 gongjang

□ 书店 shūdiàn 슈띠엔 서점 seojeom

□ 大街 dàjiē 따지에 번화가 beonhwaga

□ 地下商场 dìxià shāngchǎng 띠쌰샹창 지하 상가 jiha sangga

□ 电子商场 diànzǐ shāngchǎng 띠엔즈샹창 전자 상가 jeonja sangga

□ 火车站 huǒchēzhàn 후어처짠 기차역 gichayeok

□ 地铁 dìtiě 띠티에 지하철 jihacheol

□ 天桥 tiānqiáo 티엔치아오 육교 yukgyo

□ 行道树 xíngdàoshù 싱따오쓔 가로수 garosu

□ 海报 hǎibào 하이빠오 포스터 poster

邮局 yóujú 요우쥐 우체국 ucheguk

□ 邮务员 yóuwùyuán 요우우위엔
우체국 직원 ucheguk jigwon

□ 邮递员 yóudìyuán 요우띠위엔
집배원 jipbaewan

那邮递员同一个时间来。

Nà yóudìyuán tóngyíge shíjiān lái.
나 요우띠위엔 통 이거 스지엔 라이
그 집배원은 거의 같은 시간에 도착한다.

□ 邮箱 yóuxiāng 요우샹 우체통 uchetong

□ 邮票 yóupiào 요우피아오
우표 upyo

□ 信 xìn 씬 편지 pyeonji

□ 信封 xìnfēng 씬펑
편지 봉투 pyeonji bongtu

□ 邮编 yóubiān 요우삐엔
우편 번호 upyeonbeonho (= 邮码 yóumǎ)

□ 小心轻放 xiǎoxīn qīngfàng 샤오씬칭팡 취급 주의 chwigeup juui

□ 当心破碎 dāngxīn pòsuì 땅씬포쑤이 파손 주의 pason juui

□ 小心玻璃 xiǎoxīn bōli 샤오씬뽀리 유리 주의 yuri juui

1 인간

2 가정

3 수

4 도시

5 교통

6 업무

7 쇼핑

8 스포츠·취미

9 자연

관련 단어

☐ 垃圾邮件 lājī yóujiàn 라지요우찌엔 광고성 우편물 gwanggoseong upyeonmul

☐ 秤 chèng 청 저울 jeoul

☐ 邮费 yóufèi 요우페이 우편 요금 upyeon nyogeum

☐ 地址 dìzhǐ 띠즈 주소 juso

☐ 邮递 yóudì 요우띠 우송(하다) usong(hada)

☐ 邮包 yóubāo 요우빠오 소포 sopo (= 包裹 bāoguǒ)

☐ 挂号 guàhào 꽈하오 등기 deunggi

☐ 快递 kuàidì 콰이띠 속달 sokdal (= 快件 kuàijiàn)

dialogue
对话

A: 邮局离这儿远吗?
Yóujú lí zhèr yuǎn ma?
요우쮜 리 쩌얼 위엔 마
우체국이 여기서 먼가요?

B: 很近。你可以走。
Hěn jìn。Nǐ kěyǐ zǒu。
헌 찐 니 커이 조우
아주 가까워요. 걸어서 갈 수 있어요.

A: 走多长时间?
Zǒu duōcháng shíjiān?
조우 뚜어창 스지엔
걸어서 얼마나 걸리나요?

B: 大概2分钟。
Dàgài liǎng fēnzhōng。
따까이 량 편쭝
2분 정도요.

A: 谢谢。
Xièxie。
씨에씨에
고맙습니다.

医院 yīyuàn 이위엔 병원 byeongwon

□ **外科** wàikē 와이커
외과 oegwa

□ **皮肤科** pífūkē 피푸커
피부과 pibugwa

□ **小儿科** xiǎo'érkē 샤오얼커
소아과 soagwa

孩子发烧了，所以去了小儿科。
Háizi fāshāo le, suǒyǐ qù xiǎoérkē.
하이즈 파샤오 러 수어이 취 러 샤오얼커
아이가 열이 나서 소아과에 다녀왔다.

□ **耳鼻喉科** ěrbíhóukē 얼비호우커
이비인후과 ibiinhugwa

□ **医生** yīshēng 이성
의사 uisa (= **大夫** dàifu)

不要忽视大夫的意见。
Búyào hūshì dàifu de yìjiàn.
부야오 후쓰 따이푸 더 이찌엔
의사의 말을 무시하지 마세요.

□ **妇产科** fùchǎnkē 푸찬커
산부인과 sanbuingwa

□ **牙科医生** yákē yīshēng 야커이성
치과 의사 chigwa uisa

□ **精神科医生** jīngshénkē yīshēng 찡선커이성
정신과 의사 jeongsingwa uisa

□ **护士** hùshì 후쓰
간호사 ganhosa

护士叫了我的名字。
Hùshì jiào le wǒ de míngzi.
후쓰 찌아오 러 워 더 밍쯔
간호사가 내 이름을 불렀다.

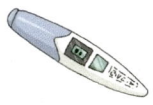

□ **体温表** tǐwēnbiǎo 티원비아오
체온계 cheongye

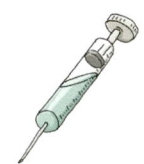

□ **打针** dǎ zhēn 다쩐
주사를 놓다[맞다] jusareul lota[matda]

□ **石膏模** shígāomó 스까오모
깁스 gipseu

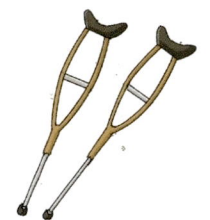

□ **拐杖** guǎizhàng 과이짱
목발 mokbal (= **双拐** shuāngguǎi)

1 인간
2 가정
3 수
4 도시
5 교통
6 업무
7 쇼핑
8 스포츠·취미
9 자연

관련 단어

- □ 内科 nèikē 네이커 내과 naegwa
- □ 泌尿器科 mìniàoqìkē 미니아오치커 비뇨기과 binyogigwa
- □ 整形外科 zhěngxíng wàikē 정싱와이커 정형 외과 jeonghyeongoegwa (= 骨科 gǔkē)
- □ 整容外科 zhěngróng wàikē 정롱와이커 성형 외과 seonghyeongoegwa
- □ 眼科 yǎnkē 옌커 안과 angwa
- □ 救护车 jiùhùchē 찌우후처 구급차 gugeupcha
- □ 应急救护员 yìngjí jiùhùyuán 잉지찌우후위엔 응급 구조 요원 eunggeup gujo yowon
- □ 病人 bìngrén 삥런 환자 hwanja
- □ 看病 kàn bìng 칸삥 진찰하다[받다] jinchalhada[batda]
- □ 治疗 zhìliáo 쯔리아오 치료(하다) chiryo(hada)
- □ 消毒 xiāodú 샤오두 소독하다 sodokhada
- □ 手术 shǒushù 쇼우쑤 수술(하다) susul(hada)
- □ 打点滴 dǎ diǎndī 따디엔띠 링거액을 주사하다 ringgeoaegeul jusahada
- □ 诊断书 zhěnduànshū 전뚜안슈 진단서 jindanseo
- □ 处方笺 chǔfāngjiān 추팡지엔 처방전 cheobangjeon
- □ 健康检查 jiànkāng jiǎnchá 찌엔캉지엔차 건강 진단 geongangjindan
- □ 轮椅 lúnyǐ 룬이 휠체어 wheelchair

A: 今天下午要去眼科, 快回来!
Jīntiān xiàwǔ yào qù yǎnkē, kuài huílái!
쩐티엔 싸우 야오 취 옌커 콰이 후이라이
오늘 오후에 안과에 가야 하니, 빨리 와라!

B: 今天到晚有课呢。
Jīntiān dào wǎn yǒu kè ne。
쩐티엔 따오 완 요우 커 너
오늘은 수업이 늦게까지 있는데요.

A: 已经约好了呢。怎么办?
Yǐjīng yuē hǎo le ne。Zěnmebàn?
이징 위에 하오 러 너 쩐머빤
벌써 예약했는데, 그러면 어떡하지?

B: 妈, 能不能明天去看病?
Mā, néngbùnéng míngtiān qù kànbìng?
마 넝뿌넝 밍티엔 취 칸삥
엄마, 내일 가면 안 될까요?

A: 中国也有很多人做整容吗?
Zhōngguó yě yǒu hěn duō rén zuò zhěnróng ma?
쫑구어 예 요우 헌 뚜어 런 쭈어 정롱 마
중국 사람들도 성형수술 많이 하니?

B: 不多。
Bùduō。
부뚜어
아니, 별로 하지 않아.

A: 上次见过的朋友呢? 看来她做了鼻子。
Shàngcì jiànguo de péngyou ne? Kànlái tā zuò le bízi。
샹츠 찌엔 구어 더 펑요우 너 칸라이 타 쭈어 러 비즈
지난번에 본 네 친구 코 수술한 거 같던데?

B: 是的。她也做了酒窝。
Shì de。Tā yě zuò le jiǔwō。
쓰 더 타 예 쭈어 러 지우워
응, 그애는 보조개 수술까지 했어.

药局 yàojú 야오쥐 약국 yakguk

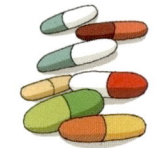

□ 胶囊 jiāonáng 찌아오낭
캡슐 capsule

□ 药片 yàopiàn 야오피엔 알약 allyak
药片比较容易吃。
Yàopiàn bǐjiào róngyì chī。
야오피엔 비찌아오 롱이 츠
알약은 비교적 먹기 편해요.

□ 药水 yàoshuǐ 야오쉐이
물약 muryak

□ 软膏 ruǎngāo 루안까오 연고 yeongo
给伤口涂软膏。
Gěi shāngkǒu tú ruǎngāo。
게이 샹코우 투 루안까오
상처에 연고를 발라 주세요.

□ 创可贴 chuāngkětiē 추앙커티에
일회용 밴드 ilhoeyong baendeu

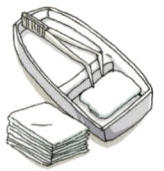

□ 纱布 shābù 샤뿌 거즈 gauze

94

1 인간

2 가정

3 수

4 도시

5 교통

6 일부

7 쇼핑

8 스포츠·취미

9 자연

관련 단어

□ **药师** yàoshī 야오스 약사, 약제사 yaksa, yakjesa (= 药剂师 yàojìshī)

□ **服用量** fúyòngliàng 푸용량 복용량 bogyongnyang

□ **内服药** nèifúyào 네이푸야오 내복약 naebogyak

□ **坐药** zuòyào 주어야오 좌약 jwayak

□ **止痛药** zhǐtòngyào 즈퉁야오 진통제 jintongje

□ **安眠药** ānmiányào 안미엔야오 수면제 sumyeonje

□ **镇静剂** zhènjìngjì 쩐찡찌 진정제, 신경 안정제 jinjeongje, singyeong anjeongje

□ **消炎剂** xiāoyánjì 샤오옌찌 소염제 soyeomje

□ **止泻药** zhǐxièyào 즈씨에야오 설사약, 지사제 seolsayak, jisaje

□ **生理盐水** shēnglǐ yánshuǐ 성리옌쉐이 생리 식염수 saengni sigyeomsu

□ **绷带** bēngdài 뺑따이 붕대 bungdae

□ **副作用** fùzuòyòng 푸쭈어용 부작용 bujagyong

dialogue
对话

A: **请给我止痛药。**
　　Qǐng gěiwǒ zhǐtòngyào。
　　칭 게이 워 즈퉁야오
　　이 진통제 좀 주세요.

B: **没有医生的处方药买不到这药。**
　　Méiyǒu yīshēng de chǔfāngyào mǎibudào zhè yào。
　　메이요우 이성 더 추팡야오 마이부따오 쩌 야오
　　이 약을 사시려면, 의사의 처방전이 있어야 해요.

疾病 jíbìng 즈삥 **질병** jilbyeong

□ **发冷** fālěng 파렁
오한이 들다 ohani deulda

□ **呕吐** ǒutù 오우투
구토(하다) guto(hada)

□ **恶心** ěxin 으어씬
구역질이 나다 guyeokjili nada

□ **头痛** tóutòng 토우통
두통, 머리가 아프다
dutong, meoriga apeuda

□ **感冒** gǎnmào 간마오
감기(에 걸리다) gamgi(e geollida)

□ **发烧** fāshāo 파샤오
열이 나다 yeori nada

□ **流行性感冒** liúxíngxìng gǎnmào 리우싱씽 간마오
독감 dokgam

由于流行性感冒他今天没上班。
Yóuyú liúxíngxìng gǎnmào tā jīntiān méi shàngbān.
요우위 리우싱씽 간마오 타 찐티엔 메이 쌍빤
그는 오늘 독감으로 결근했습니다.

□ 烧伤 shāoshāng 샤오샹
화상(을 입다)
hwasang(eul ripda)

□ 伤口 shāngkǒu 샹코우
상처 sangcheo
我希望伤口愈合好。
Wǒ xīwàng shāngkǒu yùhé hǎo。
워 시왕 샹코우 위허 하오
상처가 잘 아물었으면 좋겠다.

□ 水疱 shuǐpào 쉐이파오
물집 muljip

□ 高血压 gāoxuèyā 까오쉬에야
고혈압 gohyeorap

□ 鼻血 bíxuè 비쉬에
코피 kopi

□ 虫牙 chóngyá 총야
충치 chungchi
哎哟，又长了一个虫牙。
Āiyō, yòu zhǎng le yī ge chóngyá。
아이요 요우 장 러 이거 총야
아이구, 충치가 또 하나 늘었네!

□ 过敏性反应 guòmǐnxìng fǎnyìng 꾸어민씽판잉
알레르기 반응 allereugi baneung

1 인간
2 가정
3 수
4 도시
5 교통
6 업무
7 쇼핑
8 스포츠·취미
9 자연

관련 단어

☐ **生病** shēng bìng 성삥 병이 나다 byeongi nada

☐ **病菌** bìngjūn 삥쥔 병균, 병원균 byeonggyun, byeongwongyun

☐ **癌** ái 아이 암 am

☐ **糖尿病** tángniàobìng 탕니아오삥 당뇨병 dangnyobyeong

☐ **肝炎** gānyán 깐옌 간염 gannyeom

☐ **肥胖症** féipàngzhèng 페이팡쩡 비만증 bimanjeung

☐ **贫血** pínxuè 핀쉬에 빈혈 binhyeol

☐ **偏头痛** piāntóutòng 피엔토우통 편두통 pyeondutong

☐ **腰痛** yāotòng 야오통 요통 yotong

☐ **腹痛** fùtòng 푸통 복통 boktong

☐ **食物中毒** shíwù zhōngdú 스우쭝두 식중독 sikjungdok

☐ **消化不良** xiāohuà bùliáng 샤오화뿌량 소화 불량 sohwa bullyang

☐ **便秘** biànmì 삐엔미 변비 byeonbi

☐ **禽流感** qínliúgǎn 친리우간
　　조류 독감, 조류 인플루엔자 joryudokgam, joryu inpeulluenja

☐ **腹泻** fùxiè 푸씨에 설사 seolsa

☐ **出血** chūxuè 추쉬에 출혈(하다) chulhyeol(hada)

☐ **咳嗽** késou 커소우 기침(하다) gichim(hada)

☐ **喷嚏** pēntì 펀티 재채기 jaechaegi

☐ **失明** shīmíng 스밍 눈이 멀다, 실명하다 nuni meolda, silmyeonghada

☐ **耳聋** ěrlóng 얼룽 귀가 들리지 않다 gwiga deulliji anta

dialogue
对话

A: 贫血症怎么样?
Pínxuèzhèng zěnmeyàng?
핀쒜어쩡 쩐머양
빈혈 증세는 좀 어때요?

B: 还可以。那是治不好的呢。
Háikěyǐ。 Nà shì zhìbùhǎo de ne。
하이커이 나 쓰 쯔부하오 더 너
그저 그렇죠. 금방 좋아질 리가 없잖아요.

A: 所以你要好好吃药。
Suǒyǐ nǐ yào hǎohāo chīyào。
수어이 니 야오 하오하오 츠야오
그러니 약 좀 잘 챙겨 먹어요.

B: 好了。不用担心。
Hǎo le。 Búyòng dānxīn。
하오 러 부융 딴신
알았어요. 걱정하지 마세요!

99

银行 yínháng 인항 은행 eunhaeng

□ **银行职员** yínháng zhíyuán 인항즈위엔
은행 직원 eunhaeng jigwon

□ **存折** cúnzhé 춘저
예금 통장 yegeum tongjang

□ **信用卡** xìnyòngkǎ 씬용카
신용 카드 sinnyong kadeu
我丢了信用卡。
Wǒ diū le xìnyòngkǎ。
워 띠우 러 씬용카
신용 카드를 분실했어요.

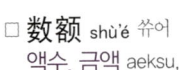

□ **数额** shù'é 슈어
액수, 금액 aeksu, geumaek (= 钱数 qiánshù)

□ **纸币** zhǐbì 즈삐
지폐 jipye

□ **支票** zhīpiào 쯔피아오 수표 supyo
请给我一张支票。
Qǐng gěi wǒ yī zhāng zhīpiào。
칭 게이 워 이짱 쯔피아오
수표 한 장으로 받고 싶습니다.

□ **硬币** yìngbì 잉삐
동전 dongjeon

□ **自雇警察** zìgù jǐngchá 쯔꾸징차
청원 경찰 cheongwon gyeongchal

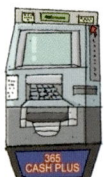

□ **自动提款机** zìdòng tíkuǎnjī 쯔똥·티콴찌
현금 자동 입출금기(ATM) hyeongeum jadong ipchulgeumgi

1 인간

2 가정

3 수

4 도시

5 교통

6 업무

7 쇼핑

8 스포츠·취미

9 자연

관련 단어

- □ **柜台** guìtái 꾸이타이 업무 창구 eommu changgu
- □ **出纳员** chūnàyuán 추나위엔 출납(계) chullap(gye)
- □ **顾客** gùkè 꾸커 고객 gogaek
- □ **存款** cúnkuǎn 추콴 저금, 예금 jeogeum, yegeum
- □ **贷款** dàikuǎn 따이콴 대출금 daechulgeum
- □ **转账** zhuǎnzhàng 주안짱 계좌 이체하다 gyejwa ichehada
- □ **银行佣金** yínháng yòngjīn 인항용찐 은행 수수료 eunhaeng susuryo
- □ **帐号** zhànghào 짱하오 계좌 번호 gyejwa beonho
- □ **密码** mìmǎ 미마 비밀 번호 bimil beonho
- □ **签名** qiānmíng 치엔밍 서명하다, 사인하다 seomyeonghada, sainhada
- □ **传单** chuándān 추안딴 전단지 jeondanji
- □ **通知单** tōngzhīdān 통쯔딴 (세금, 전기세 등의) 매월 납부 통지서
  (segeum, jeongise deungui) maewol lapbu tongjiseo
- □ **交纳** jiāonà 찌아오나 (세금 등을) 납부[납입]하다
  (segeum deungeul) napbu[nabip]hada

dialogue
对话

A: 这附近有银行吗?
　Zhè fùjìn yǒu yínháng ma?
　쩌 푸진 요우 인항 마
　저, 이 근처에 은행이 있나요?

B: 就在那个大厦旁边。
　Jiù zài nàge dàshà pángbiān.
　찌우 짜이 나거 따싸 팡비엔
　저기 큰 빌딩 바로 옆에 있어요.

A: 谢谢。
　Xièxie.
　씨에씨에
　고마워요!

101

快餐 kuàicān 콰이찬 패스트푸드 fast food

□ 炸面圈 zhámiànquān 자미엔취엔 도넛 doughnut

□ 炸薯条 zháshǔtiáo 자슈티아오
감자 튀김, 프렌치프라이 | gamja twigim, french fry

□ 炸鸡 zhájī 자찌
프라이드치킨 fried chicken
这家的炸鸡真好吃。
Zhè jiā de zhájī zhēn hǎochī。
쩌 찌아 더 자찌 쩐 하오츠
이 집 프라이드치킨 참 맛있어.

□ 汉堡 hànbǎo 한바오 햄버거 hamburger

□ 三明治 sānmíngzhì 싼밍쯔
샌드위치 | snadwich
我喜欢火腿三明治。
Wǒ xǐhuān huǒtuǐ sānmíngzhì。
워 시환 후어투이 싼밍쯔
나는 햄 샌드위치가 좋아요.

□ 吸管 xīguǎn 씨관
빨대 ppaldae

□ 可乐 kělè 커러
콜라 cola

□ 红肠面包 hóngcháng miànbāo 홍창미엔빠오
핫도그 hotdog (미국식의 빵으로 소시지를 감싸 먹는 것)

□ 热狗 règǒu 러고우
(한국식) 핫도그 (hangsik) hotdog

1 인간
2 가정
3 수
4 도시
5 교통
6 업무
7 쇼핑
8 스포츠·취미
9 자연

관련 단어

☐ **小吃** xiǎochī 샤오츠 **스낵, 분식** seunaek, bunsik

☐ **点心** diǎnxin 디엔신 **간식(거리)** gansik(geori)

☐ **比萨饼** bǐsàbǐng 비싸빙 **피자** pizza

☐ **吐司** tǔsī 투쓰 **토스트** toast

☐ **饮料** yǐnliào 인랴오 **음료** eumnyo

☐ **奶昔** nǎixī 나이씨 **밀크셰이크** milk shake

☐ **冰淇淋** bīngqílín 삥치린 **아이스크림** ice cream

☐ **味道** wèidao 웨이다오 **맛** mat

☐ **甜** tián 티엔 **달콤하다** dalkomhada

☐ **好吃** hǎochī 하오츠 **맛있다** mannitda

☐ **盘子** pánzi 판즈 **쟁반** jaengban

dialogue **对话**

A: **你要什么?**
Nǐ yào shénme?
니 야오 션머
무엇을 드릴까요?

B: **我要2个奶酪汉堡套餐。**
Wǒ yào liǎng ge nǎilào hànbǎo tàocān.
워 야오 량 거 나이라오 한바오 타오찬
치즈버거 세트 두 개 주세요.

A: **在这儿吃还是带走?**
Zài zhèr chī háishì dàizǒu?
짜이 쩌얼 츠 하이쓰 따이조우
여기서 드실 건가요, 아니면 포장해 가시겠어요?

B: **在这儿吃。**
Zài zhèr chī.
짜이 쩌얼 츠
먹고 갈 거예요.

餐厅 cāntīng 찬팅 레스토랑 restaurant

☐ 汤 tāng 탕 수프 soup
我想吃素菜汤。
Wǒ xiǎng chī sùcàitāng.
워 샹 츠 쑤차이탕
야채 수프가 먹고 싶어.

☐ 沙拉 shālā 샤라
샐러드 salad

☐ 牛排 niúpái 니우파이 스테이크 steak

☐ 意大利面 Yìdàlìmiàn 이따리미엔
스파게티 spaghetti
今天午饭,意大利面怎么样?
Jīntiān wǔfàn, yìdàlìmiàn zěnmeyàng?
찐티엔 우판 이따리미엔 쩐머양
오늘 점심으로 스파게티 어때?

☐ 炸牛肉排 zháníuròupái 짜니우로우파이
비프커틀릿 beef cutlet

☐ 咖喱饭 gālífàn 까리판
카레라이스 curried rice
我弟弟不爱吃咖喱饭。
Wǒ dìdi bú àichī gālífàn.
워 띠디 부아이 츠 까리판
내 동생은 카레라이스를 싫어한다.

☐ 海鲜 hǎixiān 하이시엔
해산물 요리 haesanmul ryori
中国有很多海鲜菜。
Zhōngguó yǒu hěn duō hǎixiāncài.
쭝구어 요우 헌 뚜어 하이시엔차이
중국에는 해산물 요리가 많다.

1 인간

2 가정

3 수

4 도시

5 교통

6 업무

7 쇼핑

8 스포츠·취미

9 자연

관련 단어

□ 菜 cài 차이 요리 yori

□ 点菜 diǎncài 디엔차이 요리를 주문하다 yorireul jumunhada

□ 儿童餐 értóngcān 얼통찬 어린이 메뉴 eorini menyu

□ 开胃菜 kāiwèicài 카이웨이차이 애피타이저 appetizer

□ 饭后甜点 fànhòu tiándiǎn 판호우티엔디엔 디저트 dessert

□ 炸猪排 zházhūpái 짜쭈파이 포크커틀릿, 돈가스 pork cutlet, dongaseu

□ 蛋包饭 dànbāofàn 딴빠오판 오므라이스 omelet

□ 八成熟的 bāchengshú de 빠청슈더 웰던, 잘 익힌 well done, jal rikhin

□ 半熟的 bànshú de 빤슈더 미디엄, 중간 정도로 익힌 medium, junggan jeongdoro ikhin

□ 嫩的 nèn de 넌더 레어, 살짝만 익힌 rare, saljjangman ikhin

□ 餐巾 cānjīn 찬찐 냅킨 napkn

□ 发票 fāpiào 파피아오 계산서 gyesanseo

dialogue
对话

A: 您要点菜吗?
Nǐ yào diǎncài ma?
니 야오 디엔차이 마
주문하시겠어요?

B: 我要2份牛排。
Wǒ yào liǎng fèn niúpái.
워 야오 량 펀 니우파이
스테이크 2인분 주세요.

A: 把牛排熟到什么程度?
Bǎ niúpái shúdào shénme chéngdù?
바 니우파이 슈 따오 션머 청뚜
스테이크는 어떻게 해드릴까요?

B: 七分熟的。
Qī fēn shúde.
치 펀 슈 더
미디엄으로 해주세요.

中国菜 Zhōngguócài 쯩궈차이 **중국 요리** jungguk gyori

□ **麻婆豆腐** mápó dòufu 마포또우푸
마파두부 mapadubu
(사천식 매운 양념을 곁들인 두부 요리)

□ **饺子** jiǎozi 지아오즈
만두 mandu

□ **饭** fàn 판
밥 bap

□ **月饼** yuèbing 위에빙
월병 wolbyeong
(추석에 먹는 전통 음식)

□ **羊肉串** yángròuchuàn 양로우추안
양고기 꼬치 byanggogi kkochi

□ **油条** yóutiáo 요우티아오
요우티아오
(밀가루 반죽을 발효시켜 소금으로 간을
한 후, 기름에 튀긴 바삭바삭한 식품.
아침식사 대용으로 즐겨 먹음.)

□ **火锅** huǒguō 후어꿔어
중국식 샤브샤브 juggguksik shabu-shabu
[쓰촨(四川)] 요리의 일종)

1 인간
2 가정
3 수
4 도시
5 교통
6 업무
7 쇼핑
8 스포츠·취미
9 자연

관련 단어

☐ 北京烤鸭 Běijīng kǎoyā 베이징카오야 베이징 오리구이 Beijing origui

☐ 水饺 shuǐjiǎo 쉐이지아오 물만두 mulmandu

☐ 包子 bāozi 빠오즈 찐빵 jjinppang

☐ 花卷 huājuǎn 화쥐엔 꽃빵 kkotppang

☐ 豆浆 dòujiāng 또우지앙 콩국 kongguk (콩을 물에 불린 뒤 갈아서 만든 국. 두유와 비슷함.)

☐ 炒饭 chǎofàn 챠오판 볶음밥 bokkeumbap

☐ 炒面 chǎomiàn 챠오미엔 볶음면 bokkeummyeon

☐ 豆腐 dòufu 또우푸 두부 dubu

☐ 香菜 xiāngcài 샹차이 고수 gosu (중국 요리에 가장 많이 쓰이는 향료)

☐ 煎饼 jiānbing 지엔빙 전병 jeonbyeong (煎餅)
(수수, 보리, 밀 등을 물에 반죽하여 얇게 구워서 먹는 떡)

☐ 点心 diǎnxin 띠엔씬 (과자류의) 간식 (gwajaryuui) gansik
(정식 외에 먹는 소량의 음식을 일컫기도 함)

dialogue
对话

A: 我们吃什么?
Wǒmen chī shénme?
워먼 츠 션머
우리 뭐 먹을까?

B: 我们吃北京烤鸭吧。
Wǒmen chī běijīng kǎoyā ba.
워먼 츠 베이징 카오야 바
글쎄, 베이징 오리구이나 먹자!

A: 吃腻了。
Chīnì le.
츠니 러
너무 질렸어.

B: 那么你来点!
Nàme nǐ lái diǎn!
나머 니 라이 디엔
그럼 네가 주문해!

107

酒吧 jiǔbā 지우빠 술집 suljip

중국어에서는 외래어를 수용할 때 외래어 발음에 최대한 가깝도록 음역을 하거나 의미를 최대한 살리는 의역을 하는데, '吧'는 영어의 bar를 음역한 것이다.

□ 酒吧侍者 jiǔbā shìzhě 지우빠쓰저
바텐더 bartender

□ 鸡尾酒 jīwěijiǔ 찌웨이지우
칵테일 cocktail
鸡尾酒不适合我的口味。
Jīwěijiǔ bú shìhé wǒ de kǒuwèi.
찌웨이지우 부 쓰허 워 더 코우웨이
칵테일은 내 취향에 맞지 않는다.

□ 酒菜 jiǔcài 지우차이
안주 anju

□ 葡萄酒 pútáojiǔ 푸타오지우 와인 wine
葡萄酒比较烈。
Pútáojiǔ bǐ jiào liè.
푸타오지우 비찌아오 리에
와인은 은근히 독한 술이다.

□ 生啤酒 shēngpíjiǔ 셩피지우
생맥주 saengmaekju (= 扎啤 zhāpí)
夏天热的时候, 扎啤最好!
Xiàtiān rède shíhou, zhāpí zuì hǎo!
샤티엔 러 더 스호우 자피 쭈이 하오
더운 여름엔 역시 생맥주야.

□ 苏打水 sūdǎshuǐ 쑤다쉐이
소다수 sodasu

□ 酒加冰块 jiǔjiā bīngkuài 지우찌아삥콰이
온더록스 on the rocks (잔에 얼음을 넣고 양주를 부은 것)

1 인간

2 가정

3 수

4 도시

5 교통

6 업무

7 쇼핑

8 스포츠·취미

9 직업

관련 단어

- 威士忌 wēishìjì 웨이쓰찌 위스키 whisky
- 糖酒 tángjiǔ 탕지우 럼주 reom ju
- 伏特加 fútèjiā 푸터찌아 보드카 vodka
- 杜松子酒 dùsōngzijiǔ 뚜쏭즈지우 진 gin
- 瓦斯汽水 wǎsī qìshuǐ 와스치쉐이 토닉 tonic
- 啤酒 píjiǔ 피지우 맥주 maekju
- 香槟酒 xiāngbīnjiǔ 샹삔지우 샴페인 champagne
- 逛酒吧 guàng jiǔbā 꽝지우빠 여러 술집을 돌아다니며 마시는 것
  yeoreo suljibeul doradanimyeo masineun geot
- 醉 zuì 쭈이 취하다 chwihada
- 酒度 jiǔdù 지우뚜 알코올 도수 alkool dosu
- 干杯 gānbēi 깐뻬이 건배 geonbae
- 烟灰缸 yānhuīgāng 옌후이깡 재떨이 jaetteori

dialogue
对话

A: 我们喝了太多。
Wǒmen hē le tài duō.
워먼 허 러 타이 뚜어
우리 너무 많이 마신 거 같아.

B: 没有。再喝一杯啤酒吧。
Méiyǒu。 Zài hē yì bēi píjiǔ ba。
메이요우 짜이 허 이뻬이 피지우 바
아니야, 맥주 한잔만 더 마시고 가자.

A: 你说什么? 你在走路偏偏倒倒的。
Nǐ shuō shénma? Nǐ zài zǒulù piānpiandǎodǎo de。
니 슈어 션머 니 짜이 조우루 피엔피엔따오다오 더
무슨 소리야? 비틀거리고 있으면서!

饭店 fàndiàn 판띠엔 **호텔** hotel

宾馆 bīnguǎn(비교적 크고 시설이 좋은 호텔)이나 酒店 jiǔdiàn(식당이 있는 제법 규모가 큰 숙소)도 饭店이라 일컬어짐.

□ **主楼** zhǔlóu 쭈로우 본관 bongwan

□ **配楼** pèilóu 페이로우 별관 byeolgwan

□ **门厅** méntīng 먼팅 로비 lobby
快来! 我在门厅等你啊。
Kuàilái! Wǒ zài méntīng děng nǐ a.
콰이라이 워 짜이 먼팅 덩 니 아
빨리 와! 나 지금 로비에서 기다리고 있어.

□ **登记开房** dēngjì kāifáng 떵찌카이팡
체크인 check-in

□ **退房结帐** tuìfáng jiézhàng 투이팡지에짱
체크아웃 checkout
我现在要退房。
Wǒ xiànzài yào tuìfáng.
워 씨엔짜이 야오 투이팡
지금 체크아웃하려고 하는데요.

□ **服务台** fúwùtái 푸우타이 프런트 데스크 front desk
喂,是服务台吗?
Wéi, shì fúwùtái ma?
웨이 쓰 푸우타이 마
여보세요. 거기 프런트 데스크죠?

□ **单人房** dānrénfáng 딴런팡
싱글룸 single room

□ **双人房** shuāngrénfáng 슈왕런팡
더블룸 double room

□ **男服务员** nánfúwùyuán 난푸우위엔
남종업원 namjongeobwon

□ **小费** xiǎofèi 샤오페이 팁 tip
谢谢。这是小费。
Xièxie。Zhè shì xiǎofèi。
씨에씨에 쩌 쓰 샤오페이
고마워요. 이건 팁이에요.

□ **女服务员** nǚ fúwùyuán 뉘푸우위엔
여종업원 yeojongeobwon

□ **叫醒服务** jiàoxǐng fúwù 찌아오싱푸우
모닝콜 서비스 morning call service
请给服务台留言要明天早上6点叫醒。
Qǐng gěi fúwùtái liúyán yào míngtiān zǎoshàng liù diǎn jiàoxǐng。
칭 게이 푸우타이 리우옌 야오 밍티엔 자오쌍 리우 디엔 찌아오싱
내일 아침 여섯 시에 모닝콜 서비스 부탁합니다.

1 인간
2 가정
3 수
4 도시
5 교통
6 업무
7 쇼핑
8 스포츠·취미
9 자연

관련 단어

☐ 五星级 wǔxīngjí 우씽지 오성급의, 특급의 oseonggeubui, teukgeubui

☐ 寄存处 jìcúnchù 찌춘추 물품 보관소 mulpum bogwanso

☐ 收银台 shōuyíntái 쇼우인타이 계산대 gyesandae

☐ 医务室 yīwùshì 이우쓰 의무실 uimusil

☐ 电梯 diàntī 띠엔티 엘리베이터 elevator

☐ 走廊 zǒuláng 조우랑 복도 bokdo

☐ 订房 dìngfáng 띵팡 방을 예약하다 bangeul ryeyakhada

☐ 套房 tàofáng 타오팡 스위트룸 suite room

☐ 空房 kōngfáng 콩팡 빈방 binbang

☐ 换钱 huànqián 환치엔 환전 hwanjeon

☐ 照看婴孩 zhàokàn yīnghái 짜오칸잉하이 유아 돌봐드림 nyua dolbwadeurim

☐ 请勿打扰 qǐngwù dǎrǎo 칭우다라오 방문 사절 bangmun sajeol (문 밖에 걸어놓음)

☐ 闲人免进 xiánrén miǎnjìn 시엔런미엔찐
　　관계자 외 출입 금지 gwangyeja oe churipgeumji

☐ 正在清扫 zhèngzài qīngsǎo 쩡짜이칭사오 방 청소 중 bang cheongsojung

1 인간

2 가정

3 수

4 도시

5 교통

6 업무

7 쇼핑

8 스포츠·취미

9 지역

dialogue
对话

A: 我要定房间。
Wǒ yào dìng fángjiān.
워 야오 띵 팡지엔
방을 예약하려고 하는데요.

B: 从什么时候呢?
Cóng shénmeshíhou ne?
총 선머스호우 너
언제부터 숙박하실 건가요?

A: 从这星期五到星期天。
Cóng zhè xīngqīwǔ dào xīngqītiān.
총 쩌 씽치우 따오 씽치티엔
이번 주 금요일부터 일요일까지요.

B: 几位?
Jǐ wèi?
지 웨이
예, 몇 분이십니까?

A: 4个人。要定2间。
Sìgerén. Yào dìng liǎng jiān.
쓰거런 야오 띵 량 지엔
네 명인데요. 방 두 개 예약해 주세요.

学校 xuéxiào 쉬에싸오 학교 hakgyo

① 教室 jiàoshì 찌아오쓰 교실 gyosil

② 老师 lǎoshī 라오스 교사 gyosa

③ 学生 xuéshēng 쉬에셩 학생 haksaeng

④ 桌子 zhuōzi 쭈어즈 책상 chaeksang

⑤ 椅子 yǐzi 이즈 의자 uija

⑥ 课本 kèběn 커번 교과서 gyogwaseo

⑦ 笔盒 bǐhé 비허 필통 piltong

⑧ 铅笔 qiānbǐ 치엔비 연필 yeonpil

⑨ 橡皮 xiàngpí 썅피 지우개 jiugae

⑩ 彩色铅笔 cǎisè qiānbǐ 차이써치엔비 색연필 saegyeonpil (= 彩笔 cǎibǐ)

⑪ 尺子 chǐzi 츠즈 자 ja

⑫ 地球仪 dìqiúyí 띠치우이 지구본 jigubon

⑬ 布告栏 bùgàolán 뿌까오란 게시판 gesipan

관련 단어

- 幼儿园 yòu'éryuán 요우얼위엔 유치원 yuchiwon
- 小学 xiǎoxué 샤오쉬에 초등학교 chodeunghakgyo
- 初中 chūzhōng 추쫑 중학교 junghakgyo
- 中学 zhōngxué 쭝쉬에 중고등학교 junggodeunghakgyo
- 高中 gāozhōng 까오쫑 고등학교 godeunghakgyo
- 大学 dàxué 따쉬에 대학교 daehakgyo
- 宿舍 sùshè 쑤써 기숙사 gisuksa
- 图书馆 túshūguǎn 투슈관 도서관 doseogwan
- 礼堂 lǐtáng 리탕 강당 gangdang
- 运动场 yùndòngchǎng 윈똥창 운동장 undongjang
- 体育馆 tǐyùguǎn 티위관 체육관 cheyukgwan
- 走廊 zǒuláng 조우랑 복도 bokdo
- 厕所 cèsuǒ 처수어 화장실 hwajangsil
- 考试 kǎoshì 카오쓰 시험 siheom
- 作业 zuòyè 쭈어예 숙제 sukje
- 教育 jiàoyù 찌아오위 교육(하다) gyoyuk(hada)
- 学习 xuéxí 쉬에씨 공부하다 gongbuhada
- 上学 shàngxué 썅쉬에 등교하다 deunggyohada
- 放学 fàngxué 팡쉬에 하교하다 hagyohada
- 同学 tóngxué 퉁쉬에 급우, 반 친구 geubu, ban chingu

Unit 13

课 kè 커 과목 gwamok

□ **历史** lìshǐ 리스 **역사** yeoksa
他是历史课本里的人物。
Tā shì lìshǐ kèběn lǐ de rénwù.
타 쓰 리스커번 리 더 런우
그는 역사 교과서에 나오는 인물이잖아요.

□ **科学** kēxué 커쉬에 **과학** gwahak
今天的科学课是观察食物树干。
Jīntiān de kēxuékè shì guānchá
shǐwùshùgàn.
찐티엔 더 커쉬에커 쓰 꽌차 스우슈깐
오늘 과학 수업은 식물 줄기 관찰입니다.

□ **化学** huàxué 화쉬에 **화학** hwahak

□ **音乐** yīnyuè 인위에
음악 umak

□ **英语** Yīngyǔ 잉위
영어 yeongeo

□ **美术** měishù 메이슈 **미술** misul
我喜欢美术课。
Wǒ xǐhuān měishùkè.
워 시환 메이슈커
나는 미술 수업을 좋아한다.

□ **体育** tǐyù 티위 **체육** cheyuk

1 인간

2 가정

3 수

4 도시

5 교통

6 업무

7 쇼핑

8 스포츠·취미

9 자연

관련 단어

- □ 生物 shēngwù 성우 생물 saengmul
- □ 数学 shùxué 쓔쉬에 수학 suhak
- □ 哲学 zhéxué 저쉬에 철학 cheolhak
- □ 国语 guóyǔ 구어위 국어 gugeo
- □ 社会 shèhuì 써후이 사회 sahoe
- □ 地理 dìlǐ 띠리 지리 jiri
- □ 作文 zuòwén 쭈어원 작문 jangmun
- □ 道德 dàodé 따오더 도덕 dodeok
- □ 世界史 shìjièshǐ 쓰찌에스 세계사 segyesa
- □ 经济学 jīngjìxué 찡찌쉬에 경제학 gyeongjehak
- □ 心理学 xīnlǐxué 씬리쉬에 심리학 simnihak
- □ 物理学 wùlǐxué 우리쉬에 물리학 mullihak

dialogue
对话

A: 听说小东在世界史考试得了100分。
Tīngshuō xiǎodōng zài shìjièshǐ kǎoshì dé le yībǎifēn.
팅슈어 샤오똥 짜이 쓰지에스 카오쓰 더 러 이바이 펀
샤오똥이 오늘 세계사 시험 백점 맞았대.

B: 好厉害! 你呢?
Hǎolìhài! Nǐ ne?
하오 리하이 니 너
대단하다! 넌 몇 점인데?

A: 别问。要好好做明天的数学考试。
Bié wèn. Yào hǎohāo zuò míngtiān de shùxué kǎoshì.
비에 원 야오 하오하오 쭈어 밍티엔 더 쓔쉬에 카오쓰
묻지 마. 내일 수학 시험이나 잘 봐야지.

117

公安局 gōng'ānjú 꽁안쥐 **경찰서** gyeongchalseo

□ 警察 jǐngchá 찡차 **경찰** gyeongchal

□ 手枪 shǒuqiāng 쇼우치앙
권총 gwonchong

□ 受害人 shòuhàirén 쑈우하이런
피해자 pihaeja

□ 小偷 xiǎotōu 샤오토우 **도둑** doduk
那小偷越墙时被抓住了。
Nà xiǎotōu yuèqiáng shí bèi zhuāzhù le.
나 샤오토우 위에치앙 스 뻬이 쭈아쭈 러
그 도둑은 담을 넘으려다가 잡혔다.

□ 暴行 bàoxíng 빠오싱
폭행 pokhaeng

□ 证据 zhèngjù 쩡쥐 **증거**
由于证据不足他被放出来。
Yóuyú zhèngjùbùzú tā bèi fàngchūlái.
요우위 쩡쥐부주 타 뻬이팡추라이
그는 증거 불충분으로 풀려났다.

□ 逮捕 dàibǔ 따이부
체포 chepo

1 인간

2 가정

3 수

4 도시

5 교통

6 업무

7 쇼핑

8 스포츠·취미

9 지역

관련 단어

- □ 派出所 pàichūsuǒ 파이추수어 **파출소** pachulso
- □ 刑警 xíngjǐng 싱징 **형사** hyeongsa
- □ 手铐 shǒukào 쇼우카오 **수갑** sugap
- □ 目击者 mùjīzhě 무찌저 **목격자** mokgyeokja
- □ 犯人 fànrén 판런 **범인** beomin
- □ 犯罪 fànzuì 판쭈이 **범죄** beomjoe
- □ 杀人 shārén 샤런 **살인하다** sarinhada
- □ 偷 tōu 토우 **훔치다** humchida
- □ 扒手 páshǒu 파쇼우 **소매치기** somaechigi
- □ 强盗 qiángdào 치앙따오 **강도** gangdo
- □ 诱拐 yòuguǎi 요우과이 **유괴** yugoe
- □ 欺骗 qīpiàn 치피엔 **사기** sagi
- □ 跟踪者 gēnzōngzhe 껀쫑저 **스토커** stalker

dialogue
对话

A: 那强盗被抓住了吗?
Nà qiángdào bèi zhuāzhù le ma?
나 치앙따오 뻬이 쭈아쭈 러 마
그 강도 사건의 범인은 잡혔대?

B: 还没有。没有目击者,也没有什么线索。
Háiméiyǒu。Méiyǒu mùjīzhě, yě méiyǒu shénme xiànsuǒ。
하이 메이요우 메이요우 무찌저 예 메이요우 선머 씨엔수어
아직. 목격자도 없고, 아무런 단서도 찾지 못했대.

宗教 zōngjiào 쫑찌아오 종교 jonggyo

□ 佛教 Fójiào 포찌아오 불교 bulgyo

□ 寺庙 sìmiào 쓰미아오 절 jeol

奶奶常常去寺庙上供。
Nǎinai chángcháng qù sīmiào shànggòng.
나이나이 창창 취 쓰미아오 상꽁
할머니는 불공 드리러 절에 자주 가신다.

□ 基督教 Jīdūjiào 찌뚜찌아오
기독교 gidokgyo

□ 天主教 Tiānzhǔjiào 티엔주찌아오
천주교 cheonjugyo

他是很虔诚的天主教的信徒。
Tā shì hěn qiánchéng de tiānzhǔjiào
de xìntú.
타 쓰 헌 치엔청 더 티엔주찌아오 더 씬투
그 사람은 아주 독실한 천주교 신자야.

□ 教会 jiàohuì 찌아오후이 교회 gyohoe

□ 天主教教堂 tiānzhǔjiàojiàotáng 티엔주찌아오찌아오탕 성당 seongdang

1 인간

2 가정

3 수

4 도시

5 교통

6 언무

7 쇼핑

8 스포츠·취미

9 자연

관련 단어

□ 神 shén 션 신 sin

□ 耶苏 Yēsū 예쑤 예수 yesu

□ 菩萨 púsà 푸싸 부처 bucheo

□ 天国 tiānguó 티엔구어 천국 cheonguk

□ 地狱 dìyù 띠위 지옥 jiok

□ 圣经 shèngjīng 셩찡 성경 seonggyeong

□ 佛经 fójīng 포찡 불경 bulgyeong

□ 佛像 fóxiàng 포썅 불상 bulsang

□ 礼拜 lǐbài 리빠이 예배(하다) yebae(hada)

□ 祈祷 qídǎo 치다오 기도하다 gidohada

□ 弥撒 mísā 미싸 미사 misa

□ 十字架 shízìjià 스쯔찌아 십자가 sipjaga

□ 赞美歌 zànměigē 짠메이꺼 찬송가 chansongga

□ 牧师 mùshi 무스 목사 moksa

□ 神父 shénfù 션푸 신부 sinbu

□ 修女 xiūnǚ 시우뉘 수녀 sunyeo

□ 和尚 héshang 허썅 승려 seungnyeo

□ 伊斯兰教 Yīsīlánjiào 이쓰란찌아오 이슬람교 Iseullamgyo

□ 印度教 Yìndùjiào 인뚜찌아오 힌두교 Hindugyo

□ 犹太教 Yóutàijiào 요우타이찌아오 유대교 yudaegyo

복습문제

1 다음 단어를 중국어 혹은 우리말로 바꾸세요.

a) 도서관 _____ 백화점 _____ 药房 _____

공장 _____ 书店 _____

b) 편지 _____ 秤 _____ 우송 _____

우표 _____ 邮箱 _____

c) 외과 _____ 妇产科 _____ 打针 _____

医生 _____ 안과 _____ 환자 _____

2 다음 그림을 단어와 연결시키세요.

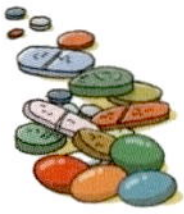

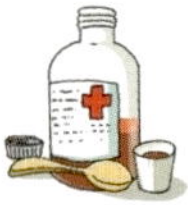

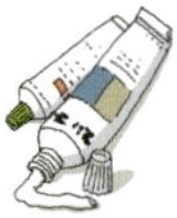

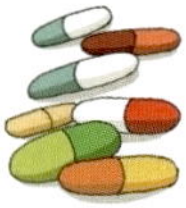

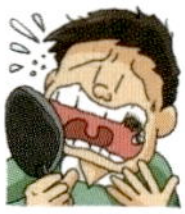

软膏   虫牙   药水   胶囊   药片

3 다음 빈칸에 알맞은 단어를 넣으세요.

a) 기침을 하다 _____

b) 감기에 걸리다 _____

c) 오한이 들다 _____

d) 혈압을 재다 **量** _____

e) 상처를 싸매다 **包扎** _____

4 다음 단어의 병음을 쓰세요.

a) 支票 (수표) _____　　存折 (예금 통장) _____

　密码 (비밀 번호) _____　　交纳 (납부) _____

　签名 (서명하다) _____　　银行佣金 (은행 수수료) _____

b) 炸面圈 (도넛) _____　　汉堡 (햄버거) _____

　三明治 (샌드위치) _____　　可乐 (콜라) _____

　炸薯条 (감자 튀김) _____

c) 牛排 (스테이크) _____　　意大利面 (스파게티) _____

　沙拉 (샐러드) _____　　咖喱饭 (카레라이스) _____

d) 饺子 (만두) _____　　麻婆豆腐 (마파두부) _____

　包子 (찐빵) _____　　炒饭 (볶음밥) _____

　北京烤鸭 (베이징 오리구이) _____

e) 鸡尾酒 (칵테일) _____　　生啤酒 (생맥주) _____

　葡萄酒 (와인) _____　　干杯 (건배) _____

　醉 (취하다) _____　　香槟酒 (샴페인) _____

f) 小费 (팁) _____　　服务台 (프런트 데스크) _____

　饭店 (호텔) _____　　订房 (방을 예약하다) _____

　叫醒服务 (모닝콜 서비스) _____

g) 教室 (교실) _____　　尺子 (자) _____

　礼堂 (강당) _____　　宿舍 (기숙사) _____

　走廊 (복도) _____

h) 考试 (시험) ＿＿＿＿＿＿＿ 作业 (숙제) ＿＿＿＿＿＿＿

　教育 (교육하다) ＿＿＿＿＿＿＿ 中学 (중고등학교) ＿＿＿＿＿＿＿

i) 音乐 (음악) ＿＿＿＿＿＿＿ 数学 (수학) ＿＿＿＿＿＿＿

　世界史 (세계사) ＿＿＿＿＿＿＿ 经济学 (경제학) ＿＿＿＿＿＿＿

j) 警察 (경찰) ＿＿＿＿＿＿＿ 小偷 (좀도둑) ＿＿＿＿＿＿＿

　受害人 (피해자) ＿＿＿＿＿＿＿ 逮捕 (체포) ＿＿＿＿＿＿＿

5 다음 단어를 중국어로 쓰세요.

불교 ＿＿＿＿＿＿　교회 ＿＿＿＿＿＿　성경 ＿＿＿＿＿＿

천국 ＿＿＿＿＿＿　지옥 ＿＿＿＿＿＿

 정답

1 a) 图书馆　百货大楼　약국　工厂　서점
　 b) 信　저울　邮递　邮票　우체통
　 c) 外科　산부인과　주사를 놓다　의사　眼科　病人

2 알약 – 药片　물약 – 药水　연고 – 软膏　캡슐 – 胶囊　충치 – 虫牙

3 a) 咳嗽　b) 感冒　c) 发冷　d) 血压　e) 伤口

4 a) zhīpiào　cúnzhé　mìmǎ　jiāonà　qiānmíng　yínháng yòngjīn
　 b) zhámiànquān　hànbǎo　sānmíngzhì　kělè　zháshǔtiáo
　 c) niúpái　Yìdàlìmiàn　shālā　gālífàn
　 d) jiǎozi　mápódòufu　bāozi　chǎofàn　Běijīng kǎoyā
　 e) jīwěijiǔ　shēngpíjiǔ　pútáojiǔ　gānbēi　zuì　xiāngbīnjiǔ
　 f) xiǎofèi　fúwùtái　fàndiàn　dìngfáng　jiàoxǐng fúwù
　 g) jiàoshì　chǐzi　lǐtáng　sùshè　zǒuláng
　 h) kǎoshì　zuòyè　jiàoyù　zhōngxué
　 i) yīnyuè　shùxué　shìjièshǐ　jīngjìxué
　 j) jǐngchá　xiǎotōu　shòuhàirén　dàibǔ

5 佛教　教会　圣经　天国　地狱

Theme 5

→ 交通 jiāotōng 찌아오통 교통 gyotong

1 인간
2 가정
3 수
4 도시
5 교통
6 업무
7 쇼핑
8 스포츠·취미
9 자연

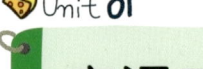

交通工具 jiāotōng gōngjù 찌아오통꽁쮜 **탈것** talgeot

□ **火车** huǒchē 후어처
기차, 열차 gicha, yeolcha

□ **地铁** dìtiě 띠티에 지하철 jihacheol
座地铁吧! 堵车堵得很厉害。
Zuò dìtiě ba! dǔchē dǔde hěn lìhài.
쭈어 띠티에 바 두처 두더 헌 리하이
지하철 타고 가자! 길이 막혔어.

□ **高速列车** gāosù lièchē 까오쑤리에처
고속 열차 gosok gyeolcha

□ **公共汽车** gōnggòng qìchē 꽁꽁치처
버스 bus

□ **敞篷车** chǎngpéngchē 창펑처
오픈카 open car

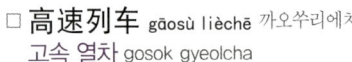

□ **汽车** qìchē 치처
자동차 jadongcha

□ **卡车** kǎchē 카처 트럭 truck
行李太多了，需要卡车。
Xínglǐ tài duō le, xūyào kǎchē.
싱리 타이 뚜어 러 쉬야오 카처
짐이 너무 많아서 트럭이 있어야 할 거 같아.

□ **自行车** zìxíngchē 쯔싱처
자전거 jajeongeo
门口的自行车没了。
Ménkǒu de zìxíngchē méi le.
먼코우 더 쯔싱처 메이 러
문 앞에 세워둔 자전거가 없어졌다.

□ 摩托车 mótuōchē 모투어처
오토바이 otobai

□ 踏板车 tàbǎnchē 타반처 스쿠터 scooter
这踏板车是我哥哥的。
Zhè tàbǎnchē shì wǒ gēge de。
쩌 타반처 쓰 워 꺼거 더
이 스쿠터는 형이 타던 것이다.

□ 飞机 fēijī 페이찌
비행기 bihaenggi

□ 直升飞机 zhíshēng fēijī 즈셩페이찌
헬리콥터 helicopter

□ 轻型飞机 qīngxíng fēijī 칭싱페이찌
경비행기 gyeongbihaenggi

□ 气球 qìqiú 치치우
기구 gigu

□ 游艇 yóutǐng 요우팅 요트 yacht

□ 轮渡 lúndù 룬뚜 페리, 연락선 ferry, yeollakseon

□ 船 chuán 추안 배 bae

1 인간
2 가정
3 수
4 도시
5 교통
6 업무
7 쇼핑
8 스포츠 · 취미
9 자연

自行车 zìxíngchē 쯔싱처 **자전거** jajeongeo

① 手把 shǒubà 쇼우빠 핸들 handle

② 车闸 chēzhá 처자 브레이크 레버 brake lever

③ 车座 chēzuò 처쭈어 안장 anjang

④ 车架 chējià 처찌아 프레임 frame

1 인간

2 가정

3 수

4 도시

5 교통

6 업무

7 쇼핑

8 스포츠·취미

9 자연

⑤ 辐条 fútiáo 푸티아오 바퀴살 bakwisal

⑥ 车带 chēdài 처따이 타이어 tire

⑦ 链子 liànzi 리엔즈 체인 chain

⑧ 蹬子 dēngzi 떵즈 페달 pedal

⑨ 轴 zhóu 조우 바퀴축 bakwichuk

⑩ 齿轮 chǐlún 츠룬 기어 (톱니바퀴) gear (tomnibakwi)

⑪ 轮辋 lúnwǎng 룬왕 바퀴테 (금속 부분) bakwite(geumsokbubun)

관련 단어

☐ **车轮** chēlún 처룬 바퀴 bakwi

☐ **气门** qìmén 치먼 공기 주입구 gonggijuipgu

☐ **内胎** nèitāi 네이타이 자동차 튜브 jadongcha tyubeu

☐ **山地车** shāndìchē 싼띠처 산악용 자전거, MTB sanagyong jajeongeo, MTB

☐ **慢车道** mànchēdào 만처따오 자전거 전용 도로 jajeongeo jeonnyongdoro

dialogue
对话

A: **我自行车的车胎被扎破了。**
Wǒ zìxíngchē de chētāi bèi zhāpò le.
워 쯔싱처 더 처타이 뻬이 자포 러
내 자전거 타이어가 펑크났나 봐.

B: **那么去修车铺看看。**
Nàme qù xiūchēpù kànkàn.
나머 취 시우처푸 칸칸
그럼, 수리점에 가 봐야겠다.

摩托车 mótuōchē 모투어처 **오토바이** otobai

① 手把 shǒubà 쇼우빠 핸들 handle

② 后视镜 hòushìjìng 호우쓰찡 백미러 back mirror

③ 油箱 yóuxiāng 요우샹 연료 탱크 yeollyo taengkeu

④ 车座 chēzuò 처쭈어 안장 anjang

⑤ 前灯 qiándēng 치엔떵 헤드라이트 head light

⑥ 尾灯 wěidēng 웨이떵 미등 mideung

⑦ 排气管 páiqìguǎn 파이치관 배기관 baegigwan

⑧ 蹬子 dēngzi 떵즈 페달 pedal

⑨ 发动机 fādòngjī 파똥찌 엔진 engine

⑩ 车胎 chētāi 처타이 타이어 tire

⑪ 车闸 chēzhá 처자 브레이크 brake

⑫ 挡泥板 dǎngníbǎn 당니반 흙받이 heukbaji

⑬ 后鞍 hòuān 호우안 뒷안장 dwisanjang

⑭ 缓冲器 huǎnchōngqì 환충치 완충 장치 wanchung jangchi

관련 단어

□ **头盔** tóukuī 토우쿠이 헬멧 helmet

□ **控制器** kòngzhìqì 콩쯔치 제어 장치 jeeojangchi

dialogue
对话

A: 好棒! 这摩托车是新买的吗?
Hǎobàng! Zhè mótuōchē shì xīn mǎide ma?
하오 빵 쩌 모투어처 쓰 신 마이 더 마
멋지다! 이 오토바이 새로 산 거야?

B: 嗯, 昨天买了。
Èng, Zuótiān mǎi le.
엉 주어티엔 마이 러
응, 어제 샀어.

A: 我骑一骑, 可以吗?
Wǒ qíyiqí, kěyǐ ma?
워 치이치 커이 마
한번 타보면 안 될까?

1 인간

2 가정

3 수

4 도시

5 교통

6 업무

7 쇼핑

8 스포츠·취미

9 자연

汽车 qìchē 치처 **자동차** jadongcha

❶ 前灯 qiándēng 치엔떵 헤드라이트 head light

❷ 方向灯 fāngxiàngdēng 팡썅떵 방향등 banghyangdeung

❸ 轮胎 lúntāi 룬타이 타이어 tire

❹ 后灯 hòudēng 호우떵 미등 mideung

❺ 车外后视镜 chēwài hòushìjìng 처와이호우쓰찡 사이드미러 side mirror

❻ 机盖 jīgài 찌까이 보닛 bonnet

❼ 挡风玻璃 dǎngfēng bōli 당펑뽀리 앞유리 appyuri

❽ 刮水器 guāshuǐqì 꽈쉐이치 와이퍼 wiper

❾ 车牌 chēpái 처파이 번호판 beonhopan

❿ 行李箱 xínglǐxiāng 싱리샹 트렁크 trunk

① 车内后视镜 chēnèi hòushìjìng 처네이호우쓰찡 (차내) 백미러 (chanae) back mirror

② 方向盘 fāngxiàngpán 팡썅판 핸들, 운전대 handle, unjeondae

③ 警笛 jǐngdí 징디 경적 gyeongjeok 클랙슨 (= 喇叭 lǎba) klaxon

④ 变速杆 biànsùgān 삐엔쑤깐 기어, 변속 손잡이 gear, byeonsok sonjabi

⑤ 侧闸 cèzhá 처자 사이드브레이크 side brake

⑥ 车闸 chēzhá 처자 브레이크 brake

⑦ 加速器 jiāsùqì 찌아쑤치 가속 페달 gasok pedal

⑧ 仪表板 yíbiǎobǎn 이비아오반 계기판 gyegipan

⑨ 燃油表 rányóubiǎo 란요우비아오 연료 표시등 yeollyo pyosideung

⑩ 速度表 sùdùbiǎo 쑤뚜비아오 속도계 sokdogye

⑪ 转速表 zhuǎnsùbiǎo 주안쑤비아오

(자동차 엔진의) 회전 속도계 (jadongcha engineui) hoejeon sokdogye

⑫ 里程表 lǐchéngbiǎo 리청비아오 주행 기록계 juhaeng girokgye

1 인간
2 가정
3 수
4 도시
5 교통
6 업무
7 쇼핑
8 스포츠·취미
9 자연

관련 단어

- □ 应急灯 yìngjídēng 잉지떵 비상등 bisangdeung
- □ 电池 diànchí 띠엔츠 배터리 battery
- □ 安全气袋 ānquán qìdài 안취엔치따이 에어백 air bag
- □ 安全带 ānquándài 안취엔따이 안전 벨트 anjeon belteu
- □ 爆胎 bàotāi 빠오타이 (타이어가) 펑크나다 (taieoga) peongkeunada
- □ 机油 jīyóu 찌요우 엔진 오일 engine oil
- □ 汽车修理厂 qìchē xiūlǐchǎng 치처시우리창 자동차 수리 센터 jadongcha suri senteo
- □ 停车违规 tíngchē wéiguī 팅처웨이꿰이 주차 위반 jucha wiban
- □ 传票 chuánpiào 추안피아오 위반 통고장 wiban tonggojang
- □ 挂车 guàchē 꽈처 견인차 gyeonincha
- □ 加油站 jiāyóuzhàn 찌아요우짠 주유소 juyuso
- □ 汽油 qìyóu 치요우 휘발유 hwibaryu
- □ 轻油 qīngyóu 칭요우 경유 gyeongyu
- □ 洗车 xǐchē 시처 세차 secha

1 인간

2 가정

3 수

4 도시

5 교통

6 업무

7 쇼핑

8 스포츠·취미

9 자연

dialogue
对话

A: 请检查一下我的车。
Qǐng jiǎnchá yíxià wǒ de chē.
칭 지엔차 이쌰 워 더 처
차 좀 점검해 주세요.

B: 有什么问题吗?
Yǒu shénme wèntí ma?
요우 션머 원티 마
어떤 문제가 있나요?

A: 好像变速杆有点儿问题,而且发动机那边有奇怪的声音。
Hǎoxiàng biànsùgǎn yǒudiǎnr wèntí, érqiě fādòngjī nàbiān yǒu qíguài de shēngyīn.
하오샹 삐엔쑤깐 요우디얼 원티 얼치에 파똥찌 나삐엔 요우 치꽈이 더 성인
기어 변속이 잘 안 되네요. 또 엔진에서 이상한 소리가 나는 거 같고요.

- -

A: 这附近有汽车修理厂吗?
Zhè fùjìn yǒu qìchē xiūlǐchǎng ma?
쩌 푸찐 요우 치처 시우리창 마
이 근처에 자동차 수리 센터가 있지 않나요?

B: 为什么?
Wèishénme?
웨이션머
왜 그러시죠?

A: 我要换一下机油。
Wǒ yào huàn yíxià jīyóu.
워 야오 환 이쌰 찌요우
엔진 오일 좀 교환하려고요.

道路 dàolù 따오루 도로 dolo

① 内车道 nèichēdào 네이처따오 1차선 ilchaseon

② 中间车道 zhōngjiān chēdào 쭝찌엔처따오 2차선 ichaseon

③ 外车道 wàichēdào 와이처따오 3차선 samchaseon

④ 路肩 lùjiān 루찌엔 갓길 gatgil

☐ 护栏 hùlán 후란
가드레일 guardrail

☐ 收费站 shōufèizhàn 쇼우페이짠
톨게이트 tollgate

☐ 地道 dìdào 띠따오
지하도 jihado

☐ 高架道路 gāojià dàolù 까오찌아따오루
고가 도로 goga doro

□ **单行道** dānxíngdào 딴싱따오
일방 통행로 ilbangtonghaengno

□ **土路** tǔlù 투루
비포장 도로 bipojangdoro

□ **胡同** hútòng 후퉁 골목 golmok
我家在下一个胡同里。
Wǒ jiā zài xiàyíge hútòng lǐ.
워 지아 짜이 쌰이거 후퉁 리
우리 집은 다음 골목에 있다.

□ **十字入口** shízì rùkǒu 스쯔루코우
로터리, 교차로 lottery, gyocharo
好像在十字入口发生了车祸。
Hǎoxiàng zài shízirùkǒu fāshēng le
chēhuò.
하오샹 짜이 스쯔루코우 파셩 러 처후어
교차로에서 사고가 난 것 같다.

□ **人行横道** rénxíng héngdào 런싱헝따오
횡단 보도 hoengdanbodo

□ **人行道** rénxíngdào 런싱따오
인도, 보도 Indo, bodo

1 인간
2 가정
3 수
4 도시
5 교통
6 업무
7 쇼핑
8 스포츠·취미
9 자연

137

□ **车站** chēzhàn 처짠
버스 정류소 beoseujeongnyuso
我们2点在车站见面吧。
Wǒmen liǎngdiǎn zài chēzhàn jiànmiàn ba。
위먼 량 디엔 짜이 처짠 찌엔미엔 바
우리 두 시에 버스 정류소에서 만나.

□ **停车场** tíngchēchǎng 팅처창
주차장 juchajang

□ **路标** lùbiāo 루삐아오
도로 표지 doro pyoji

□ **红绿灯** hónglǜdēng 홍뤼떵
신호등 sinhodeung
等一等。红绿灯变绿后再过马路。
Děngyīděng。Hónglǜdēng biànlǜ hòu zài guò mǎlù。
덩이덩 홍뤼떵 삐엔뤼 호우 짜이 꾸어 마루
좀 기다려. 녹색불이 켜지면 건너아지.

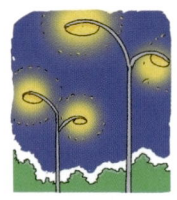

□ **路灯** lùdēng 루떵 가로등 garodeung
因为路灯坏了,周围好暗。
Yīnwèi lùdēng huài le, zhōuwéi hǎo àn。
인웨이 루떵 화이 러 쪼우웨이 하오 안
가로등이 고장나서 주변이 어둡다.

1 인간

2 가정

3 수

4 도시

5 교통

6 연무

7 쇼핑

8 스포츠·취미

9 자연

관련 단어

- □ **大街** dàjiē 따지에 번화가 beonhwaga
- □ **马路** mǎlù 마루 큰길 keungil
- □ **旁路** pánglù 팡루 우회 도로 uhoedoro
- □ **中央分车带** zhōngyāng fēnchēdài 쭝앙펀쳐따이 중앙 분리대 jungang bullidae
- □ **开车** kāichē 카이쳐 운전하다 runjeonhada
- □ **左转** zuǒzhuǎn 주어주안 좌회전 jwahoejeon
- □ **右转** yòuzhuǎn 요우주안 우회전 uhoejeon
- □ **车祸** chēhuò 쳐후어 교통 사고 gyotong sago
- □ **交通阻塞** jiāotōng zǔsè 찌아오통주써 교통 체증 gyotongchejeung
- □ **禁止通行** jìnzhǐ tōngxíng 찐즈통싱 통행 금지 tonghaeng geumji
- □ **限速** xiànsù 씨엔쑤 제한 속도 jehan sokdo
- □ **危险** wēixiǎn 웨이시엔 위험 wiheom
- □ **方向** fāngxiàng 팡썅 방향 banghyang

dialogue
对话

A: 这附近应该有大街。
Zhè fùjìn yīnggāi yǒu dàjiē.
쪄 푸찐 잉까이 요우 따지에
이쯤에서 번화가가 나올 것 같은데….

B: 那里有路标。过了红绿灯后，在下一个路口往右拐吧。
Nàlǐ yǒu lùbiāo. Guò le hónglǜdēng hòu, zài xiàyíge lùkǒu wǎng yòuguǎi ba.
나리 요우 루삐아오 꾸어 러 훙뤼떵 호우 짜이 쌰이거 루코우 왕 요우과이 바
저기 도로 표지가 있어. 신호등 지나 다음 큰길에서 우회전하면 되겠다.

A: 不过这儿堵车堵得真厉害。
Búguò zhèr dǔchē dǔde zhēn lìhài.
부꾸어 쩔 두처 두더 쪈 리하이
그런데 여긴 정말 교통 체증이 심하구나.

火车 huǒchē 후어처 기차 gicha

□ 客室 kèshì 커쓰 객실 gaeksil

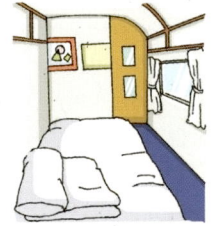

□ 卧铺车 wòpùchē 워푸처
침대차 chimdaecha

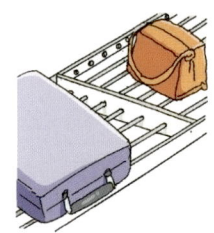

□ 行李架 xínglijià 싱리찌아
수화물 선반 suhamul seonban

□ 座席 zuòxí 쭈어씨 좌석 jwaseok
请尽量给我靠窗的坐位。
Qǐng jǐnliàng gěi wǒ kàochuāng de
zuòwèi。
칭 진량 게이 워 카오추앙 더 쭈어웨이
가능하면 창가 쪽 좌석으로 주세요.

□ 火车站 huǒchēzhàn 후어처짠
기차역 gichayeok
火车站好热闹。
Huǒchēzhàn hǎo rènào。
후어처짠 하오 러나오
기차역은 많은 사람들로 북적대고 있었다.

站 zhàn 짠 **역** yeok

1 인간

2 가정

3 수

4 도시

5 교통

6 업무

7 쇼핑

8 스포츠·취미

9 자연

□ **候车室** hòuchēshì 호우처쓰
대합실 daehapsil

候车室有一位奶奶在打盹。
Hòuchēshì yǒu yíwèi nǎinai zài dǎdǔn。
호우처쓰 요우 이웨이 나이나이 짜이 다둔
대합실에서 할머니 한 분이 졸고 계신다.

□ **售票机** shòupiàojī 쇼우피아오찌
승차권 판매기 seungchagwon panmaegi

□ **问事处** wènshìchù 원쓰추
안내소 annaeso

□ **时刻表** shíkèbiǎo 스커비아오
기차 시간표 gicha siganpyo

□ **路线图** lùxiàntú 루씨엔투
노선도 noseondo

□ **入口** rùkǒu 루코우 입구 ipgu

□ **检票员** jiǎnpiàoyuán 찌엔피아오위엔
검표원 geompyowon

관련 단어

□ **铁道** tiědào 티에따오 철도 cheoldo

□ **快车** kuàichē 콰이처 급행 열차 geupaeng yeolcha

□ **餐车** cānchē 찬처 식당차 sikdangcha

□ **售票处** shòupiàochù 쑈우피아오추 승차권 판매소 seungchagwon panmaeso

□ **交通费** jiāotōngfèi 찌아오퉁페이 교통비 gyotongbi

□ **单程票** dānchéngpiào 딴청피아오 편도 티켓 pyeondo tiket

□ **往返票** wǎngfǎnpiào 왕판피아오 왕복 티켓 wangbok tiket

□ **定期票** dìngqīpiào 띵치피아오 정기권 jeonggigwon

□ **检票口** jiǎnpiàokǒu 지엔피아오코우 개찰구 gaechalgu

□ **列车员** lièchēyuán 리에처위엔 열차 승무원 yeolcha seungmuwon

□ **失物招领处** shīwù zhāolǐngchù 스우짜오링추 분실물 센터 bunsilmul senteo

□ **卫生间** wèishēngjiān 웨이셩찌엔 화장실 hwajangsil

중국어 발음을 위한 **성조**와 **성조 변화** 익히기

성조   중국어의 특징 중 하나는 성조라고 할 수 있다. 성조는 모두 네 가지가 있는데, 발음 기호의 주모음 위에 부호(ˉ, ´, ˇ, ˋ)로 표시한다. 중국어는 발음이 같더라도 성조가 다르면 뜻이 달라지므로 그 차이를 잘 구분해야 정확한 의미를 전달할 수 있다.

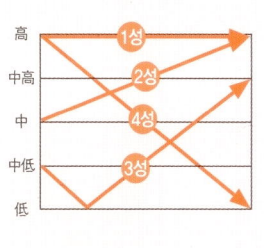

- **1성** ─ 높고 긴 소리 〈예〉 妈 mā 엄마
- **2성** ´ 중음에서 시작하여 고음으로 올리며 내는 소리 〈예〉 麻 má 마, 삼
- **3성** ˇ 중저음에서 저음으로 낮아졌다가 높아지는 소리 〈예〉 马 mǎ 말
- **4성** ˋ 고음에서 저음으로 재빨리 떨어지는 소리 〈예〉 骂 mà 욕하다

이 외에 짧고 가볍게 내는 **경성**이 있는데, 'ㆍ'으로 표시하는 경우도 있지만, 보통은 표시를 하지 않는다.

성조 변화   음절이 연속될 때 발음의 편의를 위해 성조가 변하는 것을 말한다.

● 不(bù)의 성조 변화 ●

① 不 + 제1성, 제2성, 제3성 → 제4성 그대로 발음한다.

  〈예〉 不多 bù duō 적다, 많지 않다   不少 bùshǎo 적지 않다, 많다

② 不 + 제4성 → 제2성으로 변한다.

  〈예〉 不必 búbì ~할 필요 없다   不错 búcuò 맞다, 괜찮다

③ 不가 중간에 끼어 있을 때 → 경성으로 변한다.

  〈예〉 好不好 hǎo bu hǎo 좋은지 나쁜지   去不去 qù bu qù 가든 안 가든

● 一(yī)의 성조 변화 ●

① 一 + 제1성, 제2성, 제3성 → 제4성으로 변한다.

  〈예〉 一边 yìbiān 한쪽, 한 편   一齐 yìqí 일제히   一起 yìqǐ 같이, 함께

② 一 + 제4성 → 제2성으로 변한다.

  〈예〉 一定 yídìng 반드시, 일정하다   一样 yíyàng 같다, 동일하다

③ 一가 중간에 끼어 있을 때 → 경성으로 변한다.

  〈예〉 试一试 shì yi shì 한번 시도해 보다   谈一谈 tán yi tán 한번 말해 보다

1 인간
2 가정
3 수
4 도시
5 교통
6 업무
7 쇼핑
8 스포츠·취미
9 자연

港口 gǎngkǒu 강코우 **항구** hanggu

1 锚 máo 마오 닻 dat

2 雷达 léidá 레이다 레이더 radar

3 船头 chuántóu 추안토우 뱃머리 baenmeori (= 船首 chuánshǒu)

4 甲板 jiǎbǎn 지아반 갑판 gappan

5 船舱 chuáncāng 추안창 선실 seonsil

6 船体 chuántǐ 추안티 선체 seonche

7 船尾 chuánwěi 추안웨이 고물, 선미 gomul, seonmi

8 后甲板 hòujiǎbǎn 호우지아반 뒷갑판 dwitgappan

144

❾ 客轮 kèlún 커룬 여객선 yeogaekseon

❿ 码头 mǎtou 마토우 부두 budu

⓫ 灯塔 dēngtǎ 떵타 등대 deungdae

⓬ 防波堤 fángbōdī 팡뽀띠 방파제 bangpaje

⓭ 货物 huòwù 후어우 화물 hwamul

⓮ 海 hǎi 하이 바다 bada

☐ **船** chuán 추안
배 bae (= 船舶 chuánbó)

☐ **螺旋桨** luóxuánjiǎng 루어쉬엔지앙
프로펠러 propeller

☐ **救生船** jiùshēngchuán 찌우성추안
구명 보트 gumyeongboteu

☐ **船桨** chuánjiǎng 추안지앙 노 no

관련 단어

☐ **锚绳** máoshéng 마오성 닻줄 datjul

☐ **机舱** jīcāng 찌창 기관실 gigwansil

☐ **舵** duò 뚜어 키, 방향키 key, banghyangki

☐ **游船** yóuchuán 요우추안 유람선 yuramseon

☐ **渔船** yúchuán 위추안 어선 eoseon

☐ **货船** huòchuán 후어추안 화물선 hwamulseon

☐ **海岸警备队** hǎiàn jǐngbèiduì 하이안징뻬이뚜이 해안 경비대 haean gyeongbidae

1 인간

2 가정

3 수

4 도시

5 교통

6 업무

7 쇼핑

8 스포츠·취미

9 자연

145

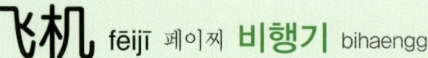

飞机 fēijī 페이찌 **비행기** bihaenggi

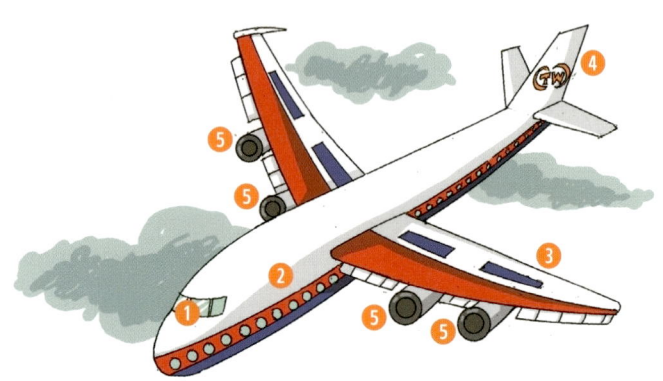

① 驾驶舱 jiàshǐcāng 찌아스창 **조종실** jojongsil

② 客舱 kècāng 커창 **객실** gaeksil

③ 翅膀 chìbǎng 츠방 **날개** nalgae

④ 尾翼 wěiyì 웨이이 **꼬리날개** kkorinalgae

⑤ 引擎 yǐnqíng 인칭 **엔진** engine

☐ 卫生间 wèishēngjiān 웨이셩지엔 **화장실** hwajangsil

☐ 空 kōng 콩 **비어 있음** bieo iseum

☐ 使用中 shǐyòngzhōng 스용쭝 **사용 중** sayong jung

1 인간

2 가정

3 수

4 도시

5 교통

6 업무

7 쇼핑

8 스포츠·취미

9 자연

관련 단어

- □ **安全出口** ānquán chūkǒu 안취엔추코우 **비상구** bisanggu
- □ **通路** tōnglù 토우루 **통로** tongno
- □ **起飞** qǐfēi 치페이 **이륙하다** iryukhada
- □ **着陆** zhuólù 주오루 **착륙하다** changnyukhada
- □ **目的地** mùdìdì 무띠띠 **목적지** mokjeokji
- □ **高度** gāodù 까오뚜 **고도** godo
- □ **时差** shíchā 스차 **시차** sicha
- □ **头等舱** tóuděngcāng 토우덩창 **일등석, 퍼스트클래스** ildeungseok, first class
- □ **商务舱** shāngwùcāng 쌍우창 **비지니스석** bijiniseuseok
- □ **经济舱** jīngjìcāng 찡지창 **일반석, 이코노미석** ilbanseok, ikonomi seok
- □ **空中小姐** kōngzhōng xiǎojiě 콩쭝샤오지에 **여승무원** yeoseungmuwon

dialogue
对话

A: 终于要起飞了。我好期待了这旅行。
Zhōngyú yào qǐfēi le。Wǒ hǎo qīdài le zhè lǚxíng。
쫑위 야오 치페이 러 워 하오 치따이 러 쩌 뤼싱
드디어 비행기가 이륙하려나 봐. 정말 이 여행 기대된다.

B: 我也是。可是我们得在这么窄的经济舱坐12个小时。
Wǒ yě shì。Kěshì wǒmen děi zài zhème zhǎi de jīngjìcāng zuò shí'èr ge xiǎoshí。
워 예 쓰 커쓰 워먼 데이 짜이 쩌머 자이 더 찡지창 쭈어 스얼 거 샤오스
나도 그래. 하지만 이 좁은 일반석에서 열두 시간이나 앉아 있어야 한다니….

A: 我能接受!
Wǒ néng jiēshòu!
워 넝 지에쇼우
이것만 해도 난 감지덕지다!

Unit 08 飞机 ▶▶▶

机场 jīchǎng 지창 **공항** gonghang

□ **客机** kèjī 커찌 **여객기** yogaecki

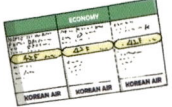

□ **登机牌** dēngjīpái 떵찌파이
탑승권 tapseunggwon

□ **护照** hùzhào 후짜오
여권 yeogwon

你带好护照和飞机票了吗?
Nǐ dàihǎo hùzhào hé fēijīpiào ma?
니 따이하오 후짜오 허 페이찌피아오 러 마
너 여권이랑 탑승권 잘 챙겼지?

□ **登机手续台** dēngjī shǒuxùtái 떵찌쇼우쉬타이
탑승 수속 카운터 tapseung susok kaunteo

□ **登机口** dēngjīkǒu 떵찌코우
탑승구 tapseunggu

□ **候机室** hòujīshì 호우찌쓰
공항 대합실 gonghang daehapsil

□ **手推车** shǒutuīchē 쇼우투이처
카트 cart

148

1 인간

2 가정

3 수

4 도시

5 교통

6 업무

7 쇼핑

8 스포츠·취미

9 자연

□ 跑道 pǎodào 파오따오
활주로 hwaljuro

□ 对空台 duìkōngtái 뚜이콩타이
관제탑 gwanjetap

□ 行李传送带 xíngli chuánsòngdài 싱리추안쏭따이
수화물 컨베이어 suhwamul keonbeieo

관련 단어

□ 航空终点站 hángkōng zhōngdiǎnzhàn 항콩쭝디엔짠
터미널 건물 teomineol geonmul

□ 随身行李 suíshēn xíngli 수이션싱리 기내 휴대 수화물 ginae hyudae suhwamul

□ 行李认领处 xíngli rènlǐngchù 싱리런링추 수화물 취급소 suhwamul chwigeupso

□ 检查 jiǎnchá 지엔차 검사 geomsa

□ 保安 bǎo'ān 바오안 보안 boan

□ 金属探索机 jīnshǔ tànsuǒjī 찐슈탄수어찌 금속 탐지기 geumsok tamjigi

□ 出入境检查站 chūrùjìng jiǎncházhàn 추루징지엔차짠
출입국 심사대 churipguk simsadae

□ 海关 hǎiguān 하이꽌 세관 segwan

□ 检疫 jiǎnyì 지엔이 검역 geomnyeok

Unit 08 飞机 ▶▶▶

- □ 国内线 guónèixiàn 구어네이씨엔 국내선 gungnaeseon
- □ 国际线 guójìxiàn 구어지씨엔 국제선 gukjeseon
- □ 免税店 miǎnshuìdiàn 미엔쉐이띠엔 면세점 myeonsejeom
- □ 签证 qiānzhèng 치엔쩡 비자, 사증 visa, sajeung
- □ 航班号 hángbānhào 항빤하오 항공편 번호 hanggongpyeon beonho
- □ 通路 tōnglù 통루 (탑승용) 통로 (tapseungyong) tongno
- □ 起飞 qǐfēi 치페이 이륙하다 iryukhada
- □ 到达 dàodá 따오다 도착하다 dochakhada
- □ 服务台 fúwùtái 푸우타이 안내 annae
- □ 预订处 yùdìngchù 위띵추 예약 카운터 yeyak kaunteo
- □ 到达/离开显示器 dàodá/líkāi xiǎnshìqì 따오다/리카이시엔쓰치
  도착/출발 표시 화면 dochak/ chulbal pyosi hwamyeon

dialogue 对话

A: 对不起。我找不着我的坐位。
Duìbuqǐ。 Wǒ zhǎobuzháo wǒde zuòwèi.
뚜이부치 워 자오뿌자오 워 더 쭈어웨이
실례합니다. 제 좌석을 찾을 수가 없네요.

B: 请给我看一下您的登机牌。
Qǐng gěiwǒ kànyíxià nínde dēngjīpái.
칭 게이 워 칸 이쌰 닌 더 떵찌파이
탑승권을 보여주시겠습니까?

A: 靠过道的第6个坐位。
Kào guòdàode dì liùge zuòwèi.
카오 꾸어따오 더 띠 리우 거 쭈어웨이
통로 쪽 여섯 번째 좌석입니다.

복습문제

1 다음 그림을 단어와 연결시키세요.

· · · · ·

· · · · ·

摩托车   船   火车   飞机   自行车

2 다음 단어를 중국어 혹은 우리말로 바꾸세요.

a) (자전거) 핸들 _____   체인 _____

    브레이크 레버 _____   헬멧 _____

    백미러 _____

b) 方向灯 _____   机盖 _____

    에어백 _____   주유소 _____

    (타이어가) 펑크나다 _____

c) 주차장 _____   도로 _____

    좌회전 _____   路灯 _____

    위험 _____

d) 객실 _____   대합실 _____

    노선도 _____   역 _____

    안내소 _____   입구 _____

e) 항구 _____   등대 _____

     갑판 _____   유람선 _____

     키 _____

3 다음 빈칸에 맞는 단어를 넣으세요.

a) 비상구는 어디입니까? _____在哪儿?

b) 안전 벨트를 매어 주십시오. 请系好_____。

c) 비즈니스석으로 주세요. 我要_____。

d) 여권을 보여주세요. 请让我看看_____。

e) 목적지까지 몇 시간 걸립니까? 到_____花多长时间?

f) 국제선은 어느 쪽입니까? _____在哪儿?

4 다음 단어를 중국어로 표기하세요.

세차 _____   횡단 보도 _____

버스 정류소 _____   급행 열차 _____

비자 _____   관제탑 _____

정답

1 기차 – 火车   자전거 – 自行车   배 – 船   오토바이 – 摩托车   비행기 – 飞机

2 a) 手把   链子   车闸   头盔   后视镜
     b) 방향등   보닛   安全气袋   加油站   爆胎
     c) 停车场   道路   左转   가로등   危险
     d) 客室   候车室   路线图   站   问事处   入口
     e) 港口   灯塔   甲板   游船   舵

3 a) 安全出口   b) 安全带   c) 商务舱   d) 护照   e) 目的地   f) 国际线

4 洗车   人行横道   车站   快车   签证   对空台

Theme 6

➡ **业务** yèwù 예우 **업무** eommu

1 인간
2 가정
3 수
4 도시
5 교통
6 업무
7 쇼핑
8 스포츠·취미
9 자연

职业 zhíyè 즈예 **직업** jigeop

☐ 警官 jǐngguān 징꽌
경찰관 gyeongchalgwan

☐ 医生 yīshēng 이성
의사 uisa

☐ 空中小姐
kōngzhōng xiǎojiě
콩쫑샤오지에
스튜어디스
stewardess

☐ 厨师 chúshī 추스
요리사 yorisa

厨师们在家里也常常做菜吗?
Chúshīmen zài jiālǐ yě chángcháng
zuò cài ma?
추쓰먼 짜이 지아 리 예 창창 쭈어 차이 마
요리사들은 집에서도 요리를 잘 할까요?

☐ 歌手 gēshǒu 꺼쑈우 가수 gasu
那歌手的歌真好听。
Nà gēshǒude gē zhēn hǎotīng.
나 꺼쑈우 더 꺼 쩐 하오팅
저 가수의 노래는 정말 듣기 좋아.

☐ 运动员 yùndòngyuán 윈똥위엔
운동선수 undongseonsu

☐ 艺人 yìrén 이런 **연예인** yeonyein
人们为什么对艺人的隐私有那么多兴趣呢?
Rénmen wèishénme duì yìrén de yǐnsī yǒu nàme duō
xìngqù ne?
런먼 웨이선머 뚜이 이런 더 인쓰 요우 나머 뚜어 씽취 너
연예인의 사생활이 왜 그렇게 궁금할까요?

☐ 军人 jūnrén 쮠런
군인 gunin

154

□ **电视演员** diànshì yǎnyuán 띠엔쓰옌위엔
탤런트 talent

我哥哥太喜欢这演员。
Wǒ gēge tài xǐhuān zhè yǎnyuán.
워 꺼거 타이 시환 쩌 옌위엔
우리 오빠는 저 탤런트를 너무 좋아해.

□ **面包师** miànbāoshī 미엔빠오스
제빵사 jeppangsa

□ **教师** jiàoshī 찌아오스
교사 gyosa

□ **出租车司机** chūzūchē sījī 추쭈처쓰찌
택시기사 taeksigisa

□ **赛车女郎** sàichē nǚ láng 싸이처뉘랑
레이싱걸 Racing Girl

□ **律师** lǜshī 뤼스
변호사 byeonhosa

那位律师聚积了相当多的财富。
Nà wèi lǜshī jùjī le xiāngdāng de
cáifù.
나 웨이 뤼스 쮜지 러 샹땅 뚜어 더 차이푸
그 변호사는 재산이 무척 많대.

□ **教授** jiàoshòu 찌아오쑈우 교수 gyosu
哲学教授的课真无聊。
Zhéxué jiàoshòu de kè zhēn wúliáo.
저쉬에 찌아오쑈우 더 커 쩐 우리아오
철학 교수의 강의는 정말 지루했다.

1 인간
2 가정
3 수
4 도시
5 교통
6 업무
7 쇼핑
8 스포츠·취미
9 자연

□ 园艺师 yuányìshī 위엔이스
원예사 wonyesa

□ 木匠 mùjiang 무찌앙 목수 moksu

□ 演员 yǎnyuán 옌위엔 배우 baeu

□ 农民 nóngmín 농민 농부 nongbu
我的爸爸是农民。
Wǒde bàba shì nóngmín.
워 더 빠바 쓰 농민
우리 아버지는 농부다.

□ 翻译 fānyì 판이 통역사 tongyeokga

□ 导演 dǎoyǎn 다오옌 영화 감독 yeonghwa gamdok

1 인간

2 가정

3 수

4 도시

5 교통

6 업무

7 쇼핑

8 스포츠·취미

9 자연

□ 邮递员 yóudìyuán 요우띠위엔
우편집배원 upyeonjipbaewon

□ 工薪族 gōngxīnzú 꽁씬주
샐러리맨 salaried man

 관련 단어

□ 家庭妇女 jiātíng fùnǚ 찌아팅푸뉘 가정주부 gajeongjubu

□ 会计师 kuàijìshī 콰이찌스 회계사 hoegyesa

dialogue
对话

A: 劳驾, 你做什么工作?
　Láojià, nǐ zuò shénme gōngzuò?
　라오찌아 니 쭈어 션머 꽁쭈어
　실례지만, 어떤 일을 하세요?

B: 我是厨师。
　Wǒ shì chúshī.
　워 쓰 추쓰
　전 요리사입니다.

A: 啊, 是吗? 一般做什么样的菜呢?
　À, Shìma? yìbān zuò shénmeyàng de cài ne?
　아 쓰 마 이빤 쭈어 션머양 더 차이 너
　아, 그러세요? 어떤 음식을 주로 만드세요?

B: 我专门做意大利菜。
　Wǒ zhuānmén zuò yìdàlìcài.
　워 쭈안먼 쭈어 이따리차이
　이태리 요리가 전문입니다.

157

职位 zhíwèi 즈웨이 **직위** jigwi

□ **会长** huìzhǎng 후이장
회장 hoejang

□ **秘书** mìshū 미슈
비서 biseo

□ **面试者** miànshìzhě 미엔쓰저 면접관 myeonjeopgwan

□ **被面试者** bèimiànshìzhě 뻬이미엔쓰저
면접 보는 사람 myeonjeop boneun saram

□ **同事** tóngshì 통쓰 동료 dongnyo

□ **上司** shàngsi 쌍스 상사 sangsa

□ **部下** bùxià 뿌쌰 부하 buha

1 인간

2 가정

3 수

4 도시

5 교통

6 업무

7 쇼핑

8 스포츠·취미

9 자연

관련 단어

- □ **总公司** zǒnggōngsī 종꽁쓰 본사 bonsa
- □ **分公司** fēngōngsī 펀꽁쓰 지사 jisa
- □ **董事长** dǒngshìzhǎng 동쓰장 회장, 이사장 hoejang, isajang
- □ **总经理** zǒngjīnglǐ 쫑징리 사장, 대표이사 sajang, daepyoisa
- □ **专务** zhuānwù 쭈안우 전무 jeonmu
- □ **商务** shāngwù 쌍우 상무 sangmu
- □ **部长** bùzhǎng 뿌장 부장 bujang
- □ **科长** kēzhǎng 커장 과장 gwajang
- □ **主任** zhǔrèn 주런 주임 juim
- □ **代理** dàilǐ 따이리 대리 daeri
- □ **职员** zhíyuán 즈위엔 직원 jigwon
- □ **下属** xiàshǔ 싸슈 부하 직원 buha jigwon
- □ **新人** xīnrén 신런 신입 사원 sinip sawon

dialogue
对话

A: **喂,这里是总公司的秘书室。李专务在吗?**
Wéi, Zhèlǐ shì zǒnggōngsī de mìshūshì. Lǐ zhuānwù zài ma?
웨이 쩌리 쓰 종꽁스 더 미슈쓰 리 쭈안우 짜이 마
여보세요, 여기는 본사 비서실입니다. 이 전무님 계십니까?

B: **对不起,他正在开会呢。**
Duìbuqǐ, tā zhèngzài kāihuì ne.
뚜이부치 타 쩡짜이 카이후이 너
죄송하지만, 지금 회의 중이십니다.

A: **那么,请告诉他董事长找他。**
Nàme qǐng gàosu tā dǒngshìzhǎng zhǎo tā.
나머 칭 까오수 타 동쓰장 자오 타
그러면 회장님께서 찾으신다고 전해 주세요.

劳动 láodòng 라오똥 일 il

□ 升级 shēngjí 셩지 승진 seungjin

□ 退休 tuìxiū 투이씨우
퇴직(하다) toejik(hada)

□ 出差 chūchāi 추차이 출장 chuljang
他去中国出差。
Tā qù Zhōngguó chūchāi.
타 취 쫑구어 추차이
그는 중국으로 출장을 간다.

□ 会议 huìyì 후이이 회의 hoeui
由于会议我没时间吃午饭。
Yóuyú huìyì wǒ méiyǒu shíjiān chī
wǔfàn.
요우위 후이이 워 메이요우 스지엔 츠 우판
회의 때문에 점심도 못 먹었다.

□ 假 jià 찌아 휴가 hyuga
太忙了，连暑假也没有定好。
Tài máng le, lián shǔjià yě méiyǒu
dìnghǎo.
타이 망 러 리엔 슈쩨아 예 메이요우 띵하오
너무 바빠서 여름휴가 계획을 잡을 수 없다.

□ 年金 niánjīn 니엔찐 연금 yeongeum
爸爸退休以后收年金。
Bàba tuìxiū yǐhòu shōu niánjīn.
빠바 투이씨우 이호우 쇼우 니엔찐
아버지는 퇴직 후 연금을 받으신다.

관련 단어

- □ **工资** gōngzī 꽁쯔 임금 imgeum
- □ **年薪** niánxīn 니엔씬 연봉 nyeonbong
- □ **奖金** jiǎngjīn 지앙찐 보너스 bonus
- □ **发薪日** fāxīnrì 파씬르 월급날 wolgeumnal
- □ **协商** xiéshāng 시에샹 협상하다 hyeopsanghada
- □ **面试** miànshì 미엔쓰 면접 시험 myeonjeop siheom
- □ **履历** lǚlì 뤼리 이력서 iryeokseo
- □ **录用** lùyòng 루용 채용하다 chaeyonghada
- □ **就业** jiùyè 찌우예 취직하다 chwijikhada
- □ **辞职** cízhí 츠즈 사직하다 sajikhada
- □ **缺勤** quēqín 췌친 결근하다 gyeolgeunhada
- □ **上下班** shàngxiàbān 쌍샤빤 출퇴근 chultoegeun
- □ **工作** gōngzuò 꽁쭈어 근무, 업무 geunmu, eommu
- □ **加班工作** jiābān gōngzuò 찌아빤꽁쭈어 초과 근무, 잔업 chogwa geunmu, janeop
- □ **工作时间** gōngzuò shíjiān 꽁쭈어스찌엔 근무 시간 geunmu sigan
- □ **正式员工** zhèngshì yuángōng 쩡쓰위엔꽁 정규직 jeonggyujik
- □ **临时工** línshígōng 린스꽁 임시직 imsijik
- □ **自由职业** zìyóu zhíyè 쯔요우즈예 자유직 jayujik
- □ **自由职业者** zìyóu zhíyèzhě 쯔요우즈예저
  프리랜서, 자유직 종사자 freelancer, jayujik jongsaja

办公室 bàngōngshì 빤꽁스 사무실 samusil

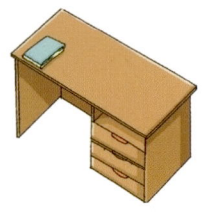

□ **办公桌** bàngōngzhuō 빤꽁쭈어
사무용 책상 samuyong chaeksang
要买办公桌,哪个产品不错呢?
Yào mǎi bàngōngzhuō, nǎge chǎnpǐn búcuò ne?
야오 마이 빤꽁쭈어 나거 찬핀 부추어 너
사무용 책상은 어떤 제품이 좋습니까?

□ **复印机** fùyìnjī 푸인찌
복사기 | boksagi

□ **传真** chuánzhēn 추안쩐
팩시밀리 facsimile

□ **电话** diànhuà 띠엔화
전화기 | jeonhwagi

□ **无线电话** wúxiàn diànhuà 우씨엔띠엔화
무선 전화기 | museon jeonhwagi

□ **手机** shǒujī 쇼우찌
휴대폰 hyudaepon

□ **月历** yuèlì 위에리 달력 dallyeok
又要翻一张月历。
Yòu yào fān yī zhāng yuèlì。
요우 야오 판 이짱 위에리
달력을 또 한 장 넘겨야겠네.

□ **计算机** jìsuànjī 찌쑤안찌
계산기 gyesangi

□**订书机** dìngshūjī 띵슈찌 스테이플러 stapler
请你把文件整理以后用订书机钉在一起。
Qǐng nǐ bǎ wénjiàn zhěnglǐ yǐhòu yòng dìngshūjī
dìng zài yìqǐ。
칭 니 바 원찌엔 정리 이호우 융 띵슈찌 띵 짜이 이치
이 서류들 정리해서 스테이플러로 찍어 주세요.

□ **日记** rìjìbù 르찌 일기 ilgi
我很少写日记。
Wǒ hěn shǎo xiě rìjì。
워 헌 샤오 지에 르찌
나는 일기를 잘 쓰지 않는다.

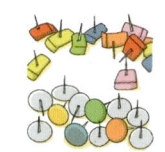

□ **图钉** túdīng 투띵
압정 apjeong

□ **画框** huàkuàng 화쾅 액자 aekja

163

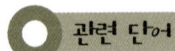

관련 단어

□ **圆珠笔** yuánzhūbǐ 위엔쭈비 볼펜 bolpen

□ **便条纸** biàntiáozhǐ 삐엔티아오즈 포스트 잇, 메모 용지 Post it, memo yongji

□ **曲别针** qūbiézhēn 취비에쩐 클립 clip

dialogue
对话

A: **气死我了!**
Qì sǐ wǒ le!
치쓰워러
짜증나 죽겠어!

B: **有什么事吗?**
Yǒu shénme shì ma?
요우 션머 쓰 마
무슨 일이야?

A: **这复印机又坏了。**
Zhè fùyìnjī yòu huài le.
쪄 푸인찌 요우 화이 러
우리 부서 복사기가 또 고장났어.

B: **你要复印多少?**
Nǐ yào fùyìn duōshao?
니 야오 푸인 뚜어샤오
몇 장을 복사해야 하는데?

A: **40张。请借一下这儿的复印机。**
Sìshí zhāng. Qǐng jiè yíxià zhèr de fùyìnjī.
쓰스짱 칭 찌에 이싸 쪄얼 더 푸인찌
40장. 여기 복사기 좀 사용해도 될까?

B: **没问题。**
Méiwèntí.
메이원티
응, 그래.

164

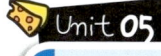
电脑 diànnǎo 띠엔나오 컴퓨터 computer

❶ 显示器 xiǎnshìqì 시엔쓰치 모니터 monitor

❷ 液晶 yèjīng 예찡 액정 aekjeong

❸ 键盘 jiànpán 찌엔판 키보드 keyboard

❹ 鼠标 shǔbiāo 슈삐아오 마우스 mouse

❺ 母盘 mǔpán 무판 마더보드 motherboard

❻ 中央处理器 zhōngyāng chǔlǐqì 쭝양추리치
중앙 처리 장치, CPU jungang cheori jangchi, CPU

❼ 硬盘 yìngpán 잉판 하드디스크 hard disk

□ 扫描器 sǎomiáoqì 사오미아오치
스캐너 scanner

□ 笔记本电脑 bǐjìběn diànnǎo 비찌번띠엔나오
노트북 컴퓨터 notebook computer

□ 打印机 dǎyìnjī 다인찌
프린터 printer

1 인간

2 가정

3 수

4 도시

5 교통

6 업무

7 쇼핑

8 스포츠·취미

9 자연

165

관련 단어

☐ **光标** guāngbiāo 꽝삐아오 커서 cursor

☐ **图符** túfú 투푸 아이콘 icon

☐ **点击** diǎnjī 디엔찌 클릭하다 clickhada

☐ **双击** shuāngjī 슈왕찌 더블클릭하다 deobeulkeullik hada

☐ **拖放** tuōfàng 투어팡 드래그 앤 드롭, 끌어놓기 drag and drop, kkeureonoki

☐ **安装** ānzhuāng 안쭈왕 설치 seolchi

☐ **备份** bèifèn 뻬이펀 백업(하다) backup(hada)

☐ **自动换行** zìdòng huànháng 쯔똥후안항 자동 정렬 jadong jeongnyeol

☐ **启动** qǐdòng 치똥 부팅하다 butinghada

☐ **重新启动** chóngxīn qǐdòng 총씬치똥 재부팅 jaebuting

☐ **初始化** chūshǐhuà 추스화 초기화 chogihwa

☐ **文件复制** wénjiàn fùzhì 원지엔푸쯔 파일 복제 pail bokje

☐ **粘贴** zhāntiē 짠티에 붙여넣기 buchineoki

☐ **存储** cúnchǔ 춘추 저장 jeojang

☐ **控制面板** kòngzhì miànbǎn 콩쯔미엔반 제어판 jeeopan

☐ **垃圾箱** lājīxiāng 라지샹 휴지통 hyujitong

☐ **升级** shēngjí 셩지 업그레이드 upgrade

☐ **文字处理机** wénzì chǔlǐjī 원쯔추리찌 워드프로세서 word processor

☐ **打开** dǎkāi 따카이 열다 yeolda

☐ **关闭** guānbì 꽌삐 닫다 datda

☐ **关机** guānjī 꽌찌 전원을 끄다 jeonwoneul kkeuda

因特网 yīntèwǎng 인터왕 **인터넷** internet

□ **网路探险家**
wǎnglù tànxiǎnjiā
왕루탄시엔찌아
인터넷 익스플로러
internet Explorer

□ **信息检索** xìnxī jiǎnsuǒ 씬씨지엔수어
정보 검색 jeongbo geomsaek

□ **横幅广告** héngfú guǎnggào 헝푸광까오
배너, 띠 모양의 광고
banner, tti moyangui gwanggo

□ **网站** wǎngzhàn 왕짠 웹사이트 website
不知道,在网站找一下吧?
Bùzhīdào, zài wǎngzhàn zhǎo yíxià ba?
뿌쯔다오, 짜이 왕짠 자오 이쌰 바
글쎄, 웹사이트에 찾아볼까?

□ **主页** zhǔyè 주예 홈페이지 home page
在我们公司的主页有说明。
Zài wǒmen gōngsī de zhǔyè yǒu shuōmíng.
짜이 워먼 꽁쓰 더 주예 요우 슈어밍.
저희 회사 홈페이지에 설명되어 있습니다.

□ **下载** xiàzài 쌰자이
다운로드하다 daunnodeudehada

167

□ **电子邮件** diànzǐ yóujiàn 띠엔즈요우찌엔
이메일 email

我马上发电子邮件。
Wǒ mǎshàng fā diànziyóujiàn.
워 마쌍 파 띠엔즈요우찌엔
내가 지금 이메일로 보낼게.

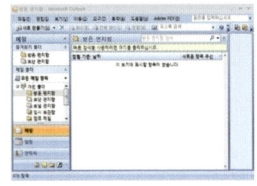

□ **收件箱** shōujiànxiāng 쇼우찌엔샹
받은 편지함 badeun pyeonjiham

□ **发件箱** fājiànxiāng 파찌엔샹
보낸 편지함 bonaen pyeonjiham

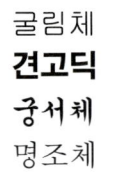

굴림체
견고딕
궁서체
명조체

□ **字体** zìtǐ 쯔티 글꼴 geulkkol

这字体不好看。
Zhè zìtǐ bù hǎokàn.
쩌 쯔티 뿌 하오칸
이 글꼴은 좀 예쁘지가 않아.

□ **附件** fùjiàn 푸찌엔 첨부 cheombu

再发附件，请告诉我。
Zài fā fùjiàn, qǐng gàosu wǒ.
짜이 파 푸찌엔 칭 까오수 워
파일 첨부하시면, 다시 연락 주세요.

□ **因特网上瘾** yīntèwǎng shàngyǐn 인터왕쌍인
인터넷 중독 inteonet jungdok

□ **网虫** wǎngchóng 왕충 인터넷 중독자 inteonet jungdokja

1 인간

2 가정

3 수

4 도시

5 교통

6 업무

7 쇼핑

8 스포츠·취미

9 지역

관련 단어

□ 联机 liánjī 리엔찌 온라인 online

□ 电子公告板 diànzǐ gōnggàobǎn 띠엔즈꽁까오빤 전자 게시판 jeonja gesipan

□ 博客 bókè 보커 블로그 blog

□ 域名地址 yùmíng dìzhǐ 위밍띠즈 도메인 주소 domein juso

□ 门户网站 ménhù wǎngzhàn 먼후왕짠
인터넷 포털 사이트 (예: Daum, Naver 등) internet portal site

□ 浏览器 liúlǎnqì 리우란치
브라우저, 인터넷 익스플로러 browser, Internet Explorer

□ 路由器 lùyóuqì 루요우치
라우터, 공유기 (두 대 이상의 컴퓨터를 연결하는 장치) router, gongyugi

□ 错误 cuòwù 추어우 프로그램의 오류, 결함 peurogeuraemui oryumit gyeolham

□ 局域网 júyǔwǎng 쥐위왕 근거리 통신망, 랜 geungeori tongsinmang, lan

□ 小甜饼 xiǎotiánbǐng 샤오티엔빙 쿠키 (인터넷 임시 저장 파일) cookie

□ 防火墙 fánghuǒqiáng 팡후어치앙 방화벽 banghwabyeok

□ 网上冲浪 wǎngshàng chōnglàng 왕쌍총랑
인터넷 검색을 하다 inteonet geomsaegeul hada

□ 常见问题解答 chángjiàn wèntí jiědá 창찌엔원티지에다
자주 묻는 질문, FAQ jaju munneun jilmun, FAQ

□ 留言 liúyán 리우옌 대답, 댓글 daedap, daetgeul

□ 网民 wǎngmín 왕민 네티즌 netizen

□ 电脑黑客 diànnǎo hēikè 띠엔나오허이커 해커 hacker

□ 电脑盲 diànnǎománg 띠엔나오망 컴맹 keommaeng

沟通 gōutōng 꼬우퉁 의사소통 uisasotong

□ 对话 duìhuà 뚜이화
대화(하다) daehwa(hada)

□ 打招呼 dǎ zhāohu 다짜오후
인사하다 insahada

□ 相通 xiāngtōng 쌍퉁
(사상·감정이) 서로 통하다
(sasang gamjeongi) seoro tonghada

□ 告白 gàobái 까오바이
고백하다 gobaekhada

□ 争吵 zhēngchǎo 쩡차오
말다툼하다 maldatumhada

□ 道歉 dàoqiàn 따오치엔
사과하다 sagwahada

1 인간

2 가정

3 수

4 도시

5 교통

6 업무

7 쇼핑

8 스포츠·취미

9 자연

관련 단어

□ **口气** kǒuqì 코우치 말투, 말씨 maltu, malssi

□ **方言** fāngyán 팡옌 사투리 saturi

□ **意见** yìjiàn 이찌엔 의견 uigyeon

□ **态度** tàidù 타이두 태도 taedo

□ **话题** huàtí 화티 화제, 주제 hwaje, juje

□ **翻译** fānyì 판이 번역하다, 통역(자) beonnyeokhada, tongyeok(ja)

□ **邀请** yāoqǐng 야오칭 초대(하다) chodae(hada)

□ **关系** guānxi 꽌시 관계 gwangye

□ **介绍** jièshào 찌에싸오 소개(하다) sogae(hada)

□ **赞成** zànchéng 짠청 찬성(하다) chanseong(hada)

□ **反对** fǎnduì 판뚜이 반대(하다) bandae(hada)

dialogue
对话

A: 我到底不明白他的态度。
Wǒ dàodǐ bùmíngbai tāde tàidu。
워 따오디 뿌 밍바이 타 더 타이두
그 사람 태도는 도대체 알 수가 없네!

B: 他向你道歉了。
Tā xiàng nǐ dàoqiàn le。
타 샹 니 따오치엔 러
너한테 사과했잖아.

A: 你能接受那样的道歉吗?
Nǐ néng jiēshòu nàyàng de dàoqiàn ma?
니 넝 찌에쑈우 나양 더 따오치엔 마
그런 식으로 사과하면, 넌 받아들일 수 있겠어?

B: 是因为他的口音比较重,而他的语气有点儿生硬。
Shì yīnwèi tāde kǒuyīn bǐjiào zhòng, ér tāde yǔqì yǒudiǎnr shēngyìng。
쓰 인웨이 타 더 코우인 비찌아오 쭝 얼 타 더 위치 요우디얼 성잉
원래 사투리를 쓰는데다가, 말투까지 무뚝뚝해서 그런 거야.

복습문제

1 다음 단어를 중국어 또는 우리말로 바꾸세요.

a) 연예인 _____ 변호사 _____ 배우 _____

工薪族 _____ 의사 _____

b) 비서 _____ 부하 _____ 商务 _____

职员 _____ 总公司 _____

c) 승진 _____ 출장 _____ 이력서 _____

年金 _____ 면접 시험 _____ 근무 _____

2 다음 그림을 적당한 단어와 연결시키세요.

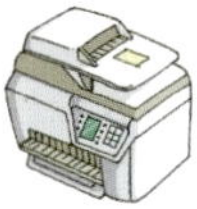

手机 传真 笔记本电脑 复印机 计算机

3 다음 빈칸에 맞는 단어를 넣으세요.

a) 이메일을 보내다 发_____。

b) 커서가 움직이지 않아요. _____动也不动。

c) 이 컴퓨터는 부팅이 느립니다. 这电脑_____速度很慢。

d) 클릭해 주세요. 请_____。

e) 다운로드하여 사용하세요. 请_____后使用。

f) 이 컴퓨터는 업그레이드가 필요해요. 这电脑需要_____。

g) 재부팅해 보세요. 请试一试_____。

4 다음 단어를 중국어 혹은 우리말로 바꾸세요.

a) 홈페이지 _____   글꼴 _____   아이콘 _____

横幅广告 _____   댓글 _____

b) 인사하다 _____   고백하다 _____   道歉 _____

사투리 _____   争吵 _____   关系 _____

5 다음 단어를 중국어로 표기하세요.

소개(하다) _____   찬성(하다) _____   반대(하다) _____

말투 _____   의견 _____   초대(하다) _____

1 a) 艺人   律师   演员   샐러리맨   医生
b) 秘书   部下   상무   직원   본사
c) 升级   出差   履历   연금   面试   工作

2 계산기 – 计算机   팩시밀리 – 传真   복사기 – 复印机   휴대폰 – 手机
노트북 – 笔记本电脑

3 a) 电子邮件   b) 光标   c) 启动   d) 点击   e) 下载   f) 升级   g) 重新启动

4 a) 主页   字体   图符   배너   留言
b) 打招呼   告白   사과하다   方言   말다툼하다   关系

5 介绍   赞成   反对   口气   意见   邀请

THEMATIC CHINESE WORDS

Theme 7

→ **购物** gòuwù 꼬우우 **쇼핑** shopping

1 인간
2 가정
3 수
4 도시
5 교통
6 업무
7 쇼핑
8 스포츠·취미
9 자연

百货商店 bǎihuò shāngdiàn 바이후어쌍띠엔
백화점 baekhwajeom

□ 收银员 shōuyínyuán 쇼인위엔
계산원 gyesanwon

□ 收银台 shōuyíntái 쇼인타이
계산대 gyesandae

□ **手推车** shǒutuīchē 쇼우투이처
쇼핑 카트 shopping cart
妈，我来推手推车。
Mā, wǒ lái tuī shǒutuīchē。
마 워 라이 투이 쇼우투이처
엄마, 쇼핑 카트는 내가 밀고 갈게요.

□ **顾客** gùkè 꾸커
고객 gogaek

□ **店员** diànyuán 띠엔위엔 점원 jeomwon
牙刷在哪儿? 要问一下店员。
Yáshuā zài nǎr? Yào wèn yíxià diànyuán。
야슈아 짜이 날 야오 원 이쌰 띠엔위엔
칫솔이 어디 있지? 점원에게 물어봐야겠네.

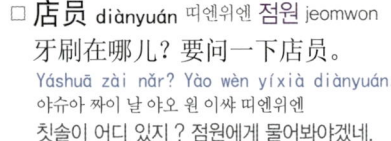

□ **现金** xiànjīn 씨엔찐 현금 hyeongeum

□ **零钱** língqián 링치엔 잔돈 jandon

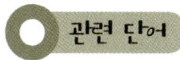

관련 단어

- □ 专柜 zhuānguì 쭈안꾸이 코너, 전문 판매대 corner, jeonmun panmaedae
- □ 条形码 tiáoxíngmǎ 티아오싱마 바코드 bar code
- □ 价签 jiàqiān 찌아치엔 가격표 gagyeokpyo
- □ 信用卡 xìnyòngkǎ 씬용카 신용 카드 sinnyong card
- □ 支票 zhīpiào 쯔피아오 수표 supyo
- □ 纸币 zhǐbì 즈삐 지폐 jipye
- □ 硬币 yìngbì 잉삐 동전 dongjeon
- □ 逛商店 guàng shāngdiàn 꽝샹띠엔 아이쇼핑하다 aisyopinghada
- □ 商标 shāngbiāo 쌍삐아오 상표, 브랜드 sangpyo, brand
- □ 礼物 lǐwù 리우 선물 seonmul
- □ 包装 bāozhuāng 빠오쭈앙 포장하다 pojanghada
- □ 大减价 dàjiǎnjià 따지엔찌아 바겐 세일 bargain sale
- □ 特价商品 tèjià shāngpǐn 터지아쌍핀 특가 상품 teukga sangpum
- □ 退货 tuìhuò 투이후어 반품하다 banpumhada

dialogue
对话

A: 听说百货大楼大减价了，要去逛一逛吗?
Tīngshuō bǎihuòdàlóu dàjiǎnjià le, yào qù guàngyiguàng ma?
팅슈어 바이후어따로우 따지엔찌아 러 야오 취 꽝이꽝 마
백화점에서 바겐 세일한다는데, 쇼핑 가지 않을래?

B: 好。正好我要买送妈妈的礼物。
Hǎo. zhènghǎo wǒ yào mǎi sòng māma de lǐwù.
하오 쩡하오 워 야오 마이 쑹 마마 더 리우
그래. 마침 난 엄마 선물도 사야 해.

A: 那太好了。2点左右去吧。
Nà tài hǎo le. liǎng diǎn zuǒyòu qù ba.
나 타이 하오 러 량 디엔 주어요우 취 바
잘됐네. 이따 두 시쯤 나가자.

177

☐ **男装** nánzhuāng 난쭈앙
남성복 namseongbok

☐ **女装** nǚzhuāng 뉘쭈앙
여성복 gyeoseongbok

☐ **化妆品** huàzhuāngpǐn 화쭈앙핀
화장품 hwajangpum

这化妆品好像没有效果。
Zhè huàzhuāngpǐn hǎoxiàng méiyǒu xiàoguǒ.
쩌 화쭈앙핀 하오썅 메이요우 쌰오구어
이 화장품은 효과가 없는 것 같네요.

☐ **玩具** wánjù 완쮜 완구 wangu

哪种玩具适合5岁的男孩呢？
Nǎ zhǒng wánjù shìhé wǔ suì de nánhái ne?
나종 완쮜 쓰허 우 쑤이 더 난하이 너
다섯 살짜리 사내아이에게 어떤 장난감이 좋을까요?

☐ **文具** wénjù 원쮜
문방구 munbanggu

178

☐ **厨房用具** chúfáng yòngjù 추팡용쮜
주방용품 jubangyongpum

怎么会有这么多种的厨房用具？
Zěnme huì yǒu zhème duōzhǒngde chúfáng yòngjù?
쩐머 후이 요우 저머 뚜어 종 더 추팡용쮜
주방용품 종류가 어쩌면 이렇게도 많으냐?

☐ **食品** shípǐn 스핀 식품 sikpum

我要去食品区买一点儿蔬菜。
Wǒ yào qù shípǐnqū mǎi yìdiǎnr shūcài。
워 야오 취 스핀취 마이 이디얼 슈차이
식품 코너에 가서 야채 좀 사야겠어.

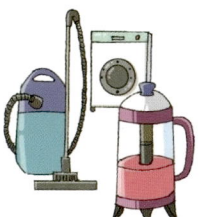

☐ **电器** diànqì 띠엔치
가전제품 gajeonjepum

☐ **家具** jiājù 찌아쮜 가구 gagu

我们既然来了就看看家具吧。
Wǒmen jìrán láile jiù kànkàn jiājù ba。
워먼 찌란 라이 러 찌우 칸칸 찌아쮜 바
우리 이왕 왔으니 가구도 구경하고 가자.

☐ **杂货** záhuò 자후어 잡화 japwa

☐ **宝石** bǎoshí 바오스 보석 boseok

1 인간
2 가정
3 수
4 도시
5 교통
6 업무
7 쇼핑
8 스포츠·취미
9 자연

179

食品 shípǐn 스핀 **식품** sikpum

□ 面包 miànbāo 미엔빠오
빵 ppang

□ 大米 dàmǐ 따미 쌀 ssal

□ 罐头 guàntou 꽌토우
통조림 tongjorim

□ 鸡蛋 jīdàn 찌딴
계란 gyeran

□ 水果 shuǐguǒ 쉐이구어
과일 gwail

□ 蔬菜 shūcài 슈차이
채소 chaeso

□ 牛奶 niúnǎi 니우나이 **우유** uyu

□ 冰淇淋 bīngqílín 삥치린
아이스크림 ice cream

□ 果汁 guǒzhī 구어쯔 주스 juice
我想喝凉快的果汁。
Wǒ xiǎng hē liángkuài de guǒzhī。
워 샹 허 량콰이 더 구어쯔
시원한 주스 마시고 싶다.

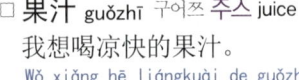

□ 碳酸饮料 tànsuān yǐnliào 탄쑤안인랴오
탄산 음료 tansaneumnyo

□ 糖 táng 탕 설탕 seoltang

□ 盐 yán 옌 소금 sogeum

□ 番茄酱 fānqiéjiàng 판치에찌앙 토마토 케첩 tomato ketchup

관련 단어

□ 冷冻食品 lěngdòng shípǐn 렁똥스핀 냉동 식품 naengdong sikpum

□ 食油 shíyóu 스요우 식용유 sigyongyu

□ 面粉 miànfěn 미엔펀 밀가루 milgaru

□ 调料 tiáoliào 티아오랴오 조미료 jomiryo

□ 酱油 jiàngyóu 찌앙요우 간장 ganjang

□ 醋 cù 추 식초 sikcho

□ 饼干 bǐnggān 빙깐 과자 gwaja

□ 饮料 yǐnliào 인랴오 음료수 eumnyosu

dialogue
对话

A: 忘了买牛奶。
Wàng le mǎi niúnǎi.
왕 러 마이 니우나이
우유 사는 걸 깜빡했네!

B: 我去拿。牛奶在哪儿?
Wǒ qù ná. Niúnǎi zài nǎr?
워 취 나 니우나이 짜이 날
내가 가서 가져올게. 우유가 어디에 있더라?

A: 在奶制品区。
Zài nǎizhìpǐnqū.
짜이 나이쯔핀취
저쪽 유제품 코너에 있어.

男装 nánzhuāng 난쭈앙 **남성복** namseongbok

□ **上衣** shàngyī 쌍이
상의, 윗도리 sangui, witdori
热了, 可以脱上衣。
Rèle, kěyǐ tuō shàngyī.
러 러 커이 투어 쌍이
더우면 상의는 벗어도 돼.

□ **夹克** jiākè 찌아커
점퍼, 재킷 jumper, jacket

□ **毛衣** máoyī 마오이
스웨터 sweater

□ **T恤** Tīxù 티쉬 티셔츠 T-shirts
这T恤颜色很酷。
Zhè tīxù yánsè hěn kù.
쩌 티쉬 옌써 헌 쿠
이 티셔츠 색깔 참 멋있다.

□ **短裤** duǎnkù 뚜안쿠
반바지 banbaji

□ **裤子** kùzi 쿠즈 바지 baji

□ **牛仔裤** niúzǎikù 니우-자이쿠
청바지 cheongbaji

□ 马球衬衫 mǎqiú chènshān 마치우천샨
폴로셔츠 polo shirts

□ 衬衫 chènshān 천샨
와이셔츠 waisyeocheu

□ 西装 xīzhuāng 씨쭈앙
정장 jeongjang

□ 餐服 cānfú 찬푸 턱시도 tuxedo

□ 运动服 yùndòngfú 윈뚱푸
운동복 undongbok

□ 中山装 zhōngshānzhuāng 쭝샨쭈앙
인민복 inminbok

□ 内裤 nèikù 네이쿠
팬티 paenti

1 인간
2 가정
3 수
4 도시
5 교통
6 업무
7 쇼핑
8 스포츠·취미
9 자연

관련 단어

- □ 背心 bèixīn 뻬이씬 조끼 jokki
- □ 内衣 nèiyī 네이이 속옷 sogot
- □ 便服 biànfú 뻬엔푸 평상복 pyeongsangbok
- □ 雨衣 yǔyī 위이 비옷 biot
- □ 背带裤 bèidàikù 뻬이따이쿠 멜빵 바지 melppang baji
- □ 滑雪服 huáxuěfú 화쉬에푸 스키복 seukibok
- □ 游泳衣 yóuyǒngyī 요우용이 수영복 suyeongbok
- □ 游泳裤 yóuyǒngkù 요우용쿠 수영 팬티 suyeong paenti
- □ 试衣间 shìyījiān 쓰이찌엔 피팅룸, 가봉실 fitting room, gabongsil
- □ 紧 jǐn 진 타이트하다 taiteuhada
- □ 肥 féi 페이 헐렁하다 heolleonghada
- □ 圆领 yuánlǐng 위엔링 라운드넥 round neck
- □ 鸡心领 jīxīnlǐng 찌씬링 브이넥 V-neck
- □ 衣领 yīlǐng 이링 옷깃, 칼라 gotgit, collar
- □ 扣子 kòuzi 코우즈 단추 danchu
- □ 袖子 xiùzi 씨우즈 소매 somae
- □ 口袋 kǒudai 코우다이 주머니 jumeoni
- □ 衬里 chènlǐ 천리 안감 angam

1 인간

2 가정

3 수

4 도시

5 교통

6 업무

7 쇼핑

8 스포츠·취미

9 자연

dialogue
对话

A: 您找什么?
　Nín zhǎo shénme?
　닌 자오 션머
　무엇을 찾으세요?

B: 我在找毛衣。
　Wǒ zài zhǎo máoyī。
　워 짜이 자오 마오이
　스웨터를 하나 사려고요.

A: 这件怎么样? 是新来的。
　Zhè jiàn zěnmeyàng? shì xīnláide。
　쩌 찌엔 쩐머양 쓰 신 라이 더
　이건 어떠세요? 신상품이에요.

B: 不错。有黑色的吗?
　Búcuò。Yǒu hēisè de ma?
　부추어 요우 헤이써 더 마
　괜찮네요. 검은색 있나요?

A: 有。请稍等。
　Yǒu。Qǐngshāoděng。
　요우 칭샤오덩
　예, 잠깐만 기다려 주세요.

女裝 nǚzhuāng 뉘쭈앙 여성복 yeoseongbok

☐ **女衬衣** nǚchènyī 뉘천이
블라우스 blouse

☐ **裙子** qúnzi 췬즈
치마, 스커트 cima, skirt

你的裙子太短了。
Nǐde qúnzi tài duǎn le。
니 더 췬즈 타이 두안 러
너 스커트 길이가 너무 짧은 거 같다.

☐ **晚礼服** wǎnlǐfú 완리푸
연회복 yeonhoebok

☐ **连衣裙** liányīqún 리엔이췬
원피스 one-piece

☐ **睡衣** shuìyī 쉐이이 잠옷 jamot

为了预备冬天, 我买了暖和的睡衣。
Wèile yùbèi dōngtiān, wǒ mǎile nuǎnhuo de shuìyī。
웨이 러 위뻬이 똥티엔 워 마이 러 누안후어 더 쉐이이
나는 겨울을 대비하여 따뜻한 잠옷을 하나 샀다.

☐ **旗袍** qípáo 치파오 치파오 chipao
(중국 여성들이 입는 긴 원피스 형태의 전통 의복)

中国人在婚礼当天穿旗袍。
Zhōngguórén zài hūnlǐ dāngtiān chuān qípáo。
쭝구어런 짜이 훈리 땅티엔 추안 치파오
중국 사람은 결혼 당일에는 치파오를 입는다.

□ **胸罩** xiōngzhào 시옹짜오
브래지어 brassiere

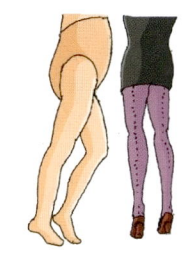

□ **裤袜** kùwà 쿠와
팬티스타킹 panty stocking

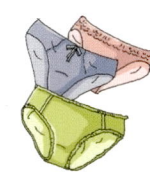

□ **三角裤** sānjiǎokù 싼지아오쿠
삼각 팬티 samgak paenti

1 인간

2 가정

3 수

4 도시

5 교통

6 업무

7 쇼핑

8 스포츠·취미

9 자연

관련 단어

□ **衬裙** chènqún 천췬 슬립, 속치마 slip, sokchima

□ **宽松的便服** kuānsōng de biànfú 콴쏭더삐엔푸 네글리제 negligee

□ **紧身褡** jǐnshēndā 진선따 코르셋, 거들 corset, girdle

□ **丝袜** sīwà 쓰와 스타킹 stocking

□ **垫肩** diànjiān 띠엔찌엔 어깨 패드 eokkae paedeu

□ **无袖** wúxiù 우씨우 민소매 minsomae

□ **拉链** lāliàn 라리엔 지퍼 zipper

□ **花边** huābiān 화삐엔 레이스 lace

鞋·其他 xié·qítā 시에·지타 **신발·기타** sinbal·gita

□ **高跟鞋** gāogēnxié 까오껀시에
하이힐 high heel

□ **运动鞋** yùndòngxié 윈똥시에
운동화 undonghwa

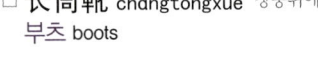

□ **袜子** wàzi 와즈 양말 yangmal

□ **皮鞋** píxié 피시에
가죽 구두 gajuk gudu

今天穿上新的皮鞋,怎么下这么大雨。
Jīntiān chuānshàng xīnde píxié, zěnme xià zhème dàyǔ.
찐티엔 추안샹 신 더 피시에 쩐머 쌰 쩌머 따위
오늘 새 구두를 신었는데, 비가 엄청 오네.

□ **长筒靴** chángtǒngxuē 창통쉬에
부츠 boots

관련 단어

□ **凉鞋** liángxié 량시에 샌들 sandal

□ **拖鞋** tuōxié 투어시에 슬리퍼 slipper

□ **项链** xiàngliàn 썅리엔 목걸이 mokgeori

□ **手镯** shǒuzhuó 쇼우주어 팔찌 paljji

□ **耳环** ěrhuán 얼환 귀걸이 gwigeori

□ **胸针** xiōngzhēn 시옹쩐 브로치 brooch

□ **戒指** jièzhi 지에즈 반지 banji

1 인간

2 가정

3 수

4 도시

5 교통

6 업무

7 쇼핑

8 스포츠·취미

9 자연

□ 帽子 màozi 마오즈 모자 moja

□ 棒球帽 bàngqiú mào 빵치우마오
야구 모자 yagu moja

□ 手套 shǒutào 쇼우타오
장갑 janggap

□ 领带 lǐngdài 링따이
넥타이 necktie

□ 围巾 wéijīn 웨이찐
스카프 scarf

□ 手帕 shǒupà 쇼우파
손수건 sonsugeon

관련 단어

□ 蝴蝶领结 húdié lǐngjié 후디에링지에 나비 넥타이 nabi nektai

□ 连指手套 liánzhǐ shǒutào 리엔즈쇼우타오 벙어리 장갑 beongeori janggap

□ 腰带 yāodài 야오따이 벨트 belt

□ 眼镜 yǎnjìng 옌찡 안경 bangyeong

□ 发夹 fàjiā 파찌아 머리핀 meoripin

□ 发箍 fàgū 파꾸 머리띠 meoritti

化妆品 huàzhuāngpǐn 화쭈앙핀 **화장품** hwajangpum

☐ 化妆水 huàzhuāngshuǐ 화주앙쉐이
스킨 skin

☐ 润肤液 rùnfūyè 룬푸예
로션 lotion

☐ 营养霜 yíngyǎngshuāng 잉양슈앙
영양 크림 yeongyang keurim

☐ 粉盒 fěnhé 펀허
콤팩트, 분첩 compact, buncheop

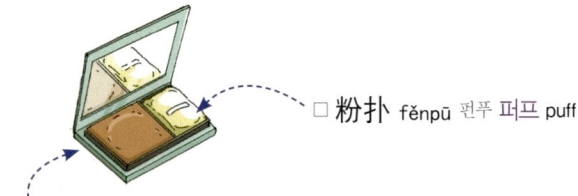

☐ 粉扑 fěnpū 펀푸 퍼프 puff

☐ 粉底霜 fěndǐshuāng 펀디슈앙 파운데이션 foundation
这粉底霜的颜色不适合我。
Zhè fěndǐshuāng de yánsè búshìhé wǒ。
쩌 펀디슈앙 더 옌써 부 쓰허 워
이 파운데이션 색조는 내 얼굴에 맞지 않는다.

□ **睫毛膏** jiémáogāo 지에마오까오
마스카라 mascara

□ **口红** kǒuhóng 코우훙
립스틱 lipstick

□ **指甲油** zhǐjiǎyóu 즈지아요우
매니큐어 manicure

□ **香水** xiāngshuǐ 샹쉐이 **향수** hyangsu
这香水怎么样?
Zhè xiāngshuǐ zěnmeyàng?
쩌 샹쉐이 쩐머양
이 향수 냄새 어때요?

□ **化妆** huàzhuāng 화쭈앙
화장하다 hwajanghada
最近很多女性在地铁里化妆。
Zuì jìn hěn duō nǚxìng zài dìtiě lǐ
huàzhuāng。
쭈이찐 헌 뚜어 뉘씽 짜이 띠티에 리 화쭈앙
요즘 지하철에서 화장하는 여자들이 많더라.

□ **梳头发** shū tóufa 슈토우파
머리를 빗다 meorireul bitda

1 인간
2 가정
3 수
4 도시
5 교통
6 업무
7 쇼핑
8 스포츠·취미
9 자연

관련 단어

☐ 润唇膏 rùnchúngāo 룬춘까오 립글로스 lip-gloss

☐ 胭脂 yānzhī 옌즈 볼터치 bolteochi

☐ 眼影 yǎnyǐng 옌잉 아이섀도 eyeshadow

☐ 清洁霜 qīngjiéshuāng 칭지에슈앙 클렌징 크림 cleansing cream

☐ 暑黑霜 shǔhēishuāng 슈헤이슈앙 선탠 크림 suntan cream

☐ 防晒霜 fángshàishuāng 팡쌰이슈앙 자외선 차단 크림 jaoeseon chadan keurim

☐ 香皂 xiāngzào 쌍짜오 세숫[화장]비누 sesut[hwajang]binu

☐ 皮肤的保养 pífū de bǎoyǎng 피푸더바오양
피부 미용 관리, 스킨 케어 pibu miyong gwalli, skin care

☐ 发胶 fàjiāo 파찌아오 헤어 젤 hair gel

☐ 吹风机 chuīfēngjī 추이펑찌 헤어 드라이어 hair drier

dialogue
对话

A: 今天我没涂防晒霜，阳光太强。
　　Jīntiān wǒ méi tú fángshàishuāng, yángguāng tài qiáng.
　　쩐톈 워 메이 투 팡쌰이슈앙 양꾸앙 타이 치앙
　　오늘 자외선 차단 크림도 안 발랐는데, 햇빛이 너무 강하다.

B: 是吗? 借给你我的。
　　Shì ma? jiè gěi nǐ wǒ de.
　　쓰 마 찌에 게이 니 워 더
　　그래? 내 거 빌려 줄게.

A: 谢谢。
　　Xièxie.
　　씨에씨에
　　고마워.

家电产品 jiādiànchǎnpǐn 짜디엔창핀

가전제품 gajeonjepum

1 인간
2 가정
3 수
4 도시
5 교통
6 업무
7 쇼핑
8 스포츠·취미
9 자연

□ **电视机** diànshìjī 띠엔쓰지
텔레비전 television

□ **电话机** diànhuàjī 띠엔화찌
전화기 | jeonhwagi

这电话机是很旧的。
Zhè diànhuàjī shì hěn jiù de。
쩌 띠엔화찌 쓰 헌 찌우 더
이 전화기 무척 오래되었어.

□ **空调** kōngtiáo 콩티아오
에어컨 eeokeon

买哪个空调好呢?
Mǎi nǎge kōngtiáo hǎo ne?
마이 나거 콩티아오 하오 너
에어컨은 어떤 것으로 사면 좋을까요?

□ **摄像机** shèxiàngjī 써쌍지
캠코더 camcorder

这是新的水下用的摄像机。
Zhè shì xīnde shuǐxià yòngde shèxiàngjī。
쩌 쓰 신 더 쉐이쌰 융 더 써쌍찌
이건 새로 나온 수중 촬영용 캠코더야.

□ **激光唱机** jīguāngchàngjī 찌꽝창찌
시디(CD) 플레이어 (= CD机) CD player

最近没有人用激光唱机。
Zuìjìn méiyǒu rén yòng jīguāngchàngjī。
쭈이찐 메이요우 런 융 찌꽝창찌
요즘 시디플레이어 쓰는 사람 별로 없더라.

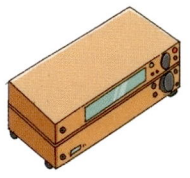

□ **组合音响** zǔhéyīnxiǎng 주허인샹
오디오 시스템 audio system

193

□ 搅拌机 jiǎobànjī 찌아오빤찌
믹서 mixer

□ 煤气灶 méiqìzào 메이치짜오
가스레인지 gas range

□ 电熨斗 diànyùndǒu 띠엔윈또우
전기다리미 jeongidarimi

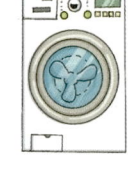

□ 洗衣机 xǐyījī 시이찌 세탁기 setakgi
你还不知到怎么用洗衣机?
Nǐ háibùzhīdào zěnme yòng xǐyījī?
니 하이 뿌 쯔따오 쩐머 융 시이찌
너, 아직 세탁기 사용법도 모르니?

□ 电饭锅 diànfànguō 띠엔판꾸어
전기밥솥 jeongibapsot
最近电锅有各种各样的功能。
Zuìjìn diànguō yǒu gèzhǒnggèyàng de
gōngnéng.
쭈이찐 띠엔꾸어 요우 꺼종꺼양 더 꽁넝
요즘 전기밥솥은 기능이 무척 다양하다.

□ 冰箱 bīngxiāng 삥샹
냉장고 naengjanggo

1 인간

2 가정

3 수

4 도시

5 교통

6 약품

7 소핑

8 스포츠·취미

9 자연

관련 단어

☐ **电扇** diànshàn 띠엔싼 **선풍기** seonpunggi

☐ **微波炉** wēibōlú 웨이뽀루 **전자레인지** jeonjareinji

☐ **遥控器** yáokòngqì 야오콩치 **리모컨** rimokeon

☐ **加湿器** jiāshīqì 찌아스치 **가습기** gaseupgi

☐ **洗碗机** xǐwǎnjī 시완찌 **식기 세척기** sikgi secheokgi

☐ **开** kāi 카이 **켜다** kyeoda

☐ **关** guān 꽌 **끄다** kkeuda

dialogue
对话

A: 把电扇的风吹得太大了。
　　Bǎ diànshàn de fēng chuīde tài dà le。
　　바 띠엔싼 더 펑 추이 더 타이 따 러
　　선풍기 바람이 너무 세.

B: 我热得都要进冰箱里呢。
　　Wǒ rède dōu yào jìn bīngxiāng lǐ ne。
　　워 러 더 또우 야오 쩐 삥샹 리 너
　　난 너무 더워서 냉장고 속에라도 들어가고 싶은데.

A: 对不起。空调坏了。
　　Duìbuqǐ。Kōngtiáo huài le。
　　뚜이부치 콩티아오 화이 러
　　미안해, 에어컨이 고장나서….

- -

A: 你还在用CD机呢?
　　Nǐ háizài yòng CDjī ne?
　　니 하이 짜이 융 씨디찌 너
　　넌 아직 시디 플레이어 쓰는 거야?

B: 嗯。比MP3方便。
　　Èng。bǐ MP3sān fāngbiàn。
　　엉 비 엠피싼 팡비엔
　　응, 난 MP3보다 이게 편해.

 Unit **08**

金店 jīndiàn 찐띠엔 **귀금속점** gwigeumsokjeom

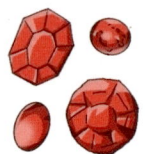

□ **红宝石** hóngbǎoshí 홍바오스 **루비** ruby

有一段时间人造红宝石比天然的还贵。

Yǒu yíduàn shíjiān rénzàohóngbǎoshí bǐ
tiānrán de hái guì。

요우 이뚜안 스지엔 런짜오 홍바오스 비 티엔란 더 하이 꾸이

한때 인조 루비가 더 비싼 적이 있었다.

□ **蓝宝石** lánbǎoshí 란바오스
사파이어 sapphire

□ **绿宝石** lùbǎoshí 뤼바오스
에메랄드 emerald

□ **珍珠** zhēnzhū 쩐쭈 **진주** jinju

珍珠是贝壳造出来的宝石。

Zhēnzhū shì bèiké zàochūlái de bǎoshí。

쩐쭈 쓰 뻬이커 짜오추라이 더 바오스

진주는 조개가 만들어내는 보석이다.

□ **玉** yù 위 **옥** ok

那位老人打磨玉石做珠子。

Nà wèi lǎorén dǎmó yùshí zuò zhūzi。

나 웨이 라오런 다모 위스 쭈어 쭈즈

그 늙은이는 옥을 갈아 구슬을 만든다.

□ **水晶** shuǐjīng 쉐이찡
수정 sujeong

□ **钻石** zuànshí 쭈안스
다이아몬드 diamond

196

1 인간

2 가정

3 수

4 도시

5 교통

6 의무

7 쇼핑

8 스포츠·취미

9 자연

관련 단어

- □ 贵金属 guìjīnshǔ 꾸이찐슈 귀금속 gwigeumsok
- □ 金 jīn 찐 금 geum
- □ 银 yín 인 은 eun
- □ 白金 báijīn 바이찐 백금 baekgeum
- □ 宝石 bǎoshí 바오스 보석 boseok
- □ 琥珀 hǔpò 후포 호박 hobak
- □ 珊瑚 shānhú 샨후 산호 sanho
- □ 黄玉 huángyù 황위 토파즈, 황옥 topaz, hwangok
- □ 诞生石 dànshēngshí 딴셩스 탄생석 tansaengseok
- □ 镀金 dùjīn 뚜찐 금도금 geumdogeum
- □ 金的 jīn de 찐더 금으로 만든 geumeuro mandeun
- □ 真的 zhēn de 쩐더 진짜의 jinjjaui
- □ 假的 jiǎ de 지아더 가짜의 gajjaui
- □ 冒牌货 màopáihuò 마오파이후어 모조품 mojopum

dialogue
对话

A: 这钻石戒指是真的吗?
Zhè zuànshí jièzhǐ shì zhēnde ma?
쩌 쭈안스 찌에즈 쓰 쩐 더 마
이거 진짜 다이아몬드 반지 맞니?

B: 当然。真漂亮吧?
Dāngrán。Zhēn piàoliang ba?
땅란 쩐 피아오량 바
그럼, 정말 예쁘지?

面包店·糕饼店 miànbāodiàn·gāobǐngdiàn

빵집·제과점 ppangjip·jegwajeom

미엔빠오띠엔·까오빙띠엔

□ **巧克力** qiǎokèlì 치아오커리
초콜릿 chocolate

黑巧克力可以预防心脏病。
Hēi qiǎokèlì kěyǐ yùfáng xīnzàngbìng。
헤이 치아오커리 커이 위팡 신짱뼁
다크 초콜릿이 심장병을 예방한다고 한다.

□ **糖果** tángguǒ 탕구어
사탕 satang

我小时候爱吃糖果。
Wǒ xiǎoshíhou àichī tángguǒ。
위 샤오 스호우 아이츠 탕구어
어렸을 적에 사탕을 좋아했어.

□ **焦糖** jiāotáng 찌아오탕
캐러멜 caramel

□ **饼干** bǐnggān 빙깐
비스킷 biscuit

我喜欢清淡的饼干。
Wǒ xǐhuān qīngdàn de bǐnggān。
위 시환 칭딴 더 빙깐
나는 담백한 비스킷이 좋다.

□ **炸土豆片** zhàtǔdòupiàn 짜투또우피엔
포테이토칩 potato chip

□ **海绵蛋糕** hǎimián dàngāo 하이미엔딴까오
카스텔라 castella

1 인간
2 가정
3 수
4 도시
5 교통
6 언어
7 쇼핑
8 스포츠·취미
9 자연

□ 生日蛋糕 shēngrì dàngāo 성르딴까오
  생일 케이크 saengil keikeu

관련 단어

□ 口香糖 kǒuxiāngtáng 코우샹탕 껌 gum

□ 薄荷糖 bòhetáng 뽀허탕 박하사탕 bakhasatang

□ 酥皮糕点 sūpí gāodiǎn 수피까오띠엔 페이스트리 pastry

□ 派 pài 파이 파이 pie

□ 面包皮 miànbāo pí 미엔빠오피 빵 껍질 ppang kkeopjil

□ 片 piàn 피엔 조각 jogak

□ 块 kuài 콰이 덩어리, 조각 deongeori, jogak (단위)

□ 蜡烛 làzhú 라주 초 cho

□ 装饰 zhuāngshì 쭈앙쓰 장식 jangsik

dialogue
对话

A: 爸爸, 下班的时候, 请买点面包回来。
   Bàba, xiàbānde shíhou, qǐng mǎi diǎn miànbāo huílái.
   빠바 쌰빤 더 스호우 칭 마이 디엔 미엔빠오 후이라이
   아빠, 퇴근하실 때 빵 좀 사다 주세요.

B: 好啊, 什么面包?
   Hǎoa, shénme miànbāo?
   하오 아 션머 미엔빠오
   그래, 무슨 빵?

A: 突然想吃蛋糕。
   Tūrán xiǎngchī dàngāo.
   투란 샹 츠 딴까오
   갑자기 케이크가 먹고 싶어요.

199

복습문제

1 다음 단어를 중국어 혹은 우리말로 바꾸세요.

a) 계산대 _____   잔돈 _____   여성복 _____

  가전제품 _____   가구 _____

b) 쌀 _____   面粉 _____   饼干 _____

  주스 _____   冰淇淋 _____   우유 _____

c) 바지 _____   牛仔裤 _____   남성복 _____

  스웨터 _____   袖子 _____

d) 스커트 _____   便服 _____   连衣裙 _____

  치파오 _____   丝袜 _____

e) 양말 _____   장갑 _____   넥타이 _____

  손수건 _____   腰带 _____

f) 향수 _____   립스틱 _____   睫毛膏 _____

  화장하다 _____   香皂 _____

2 다음 그림과 알맞은 단어를 연결하세요.

 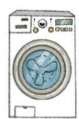    

·   ·   ·   ·   ·

·   ·   ·   ·   ·

摄像机   风扇   电熨斗   洗衣机   电饭锅

3 다음 단어를 중국어 혹은 우리말로 바꾸세요.

a) 사파이어 _____ 진주 _____

다이아몬드 _____ 에메랄드 _____ 옥 _____

b) 糖果 _____ 巧克力 _____

装饰 _____ 蜡烛 _____

生日蛋糕 _____

4 다음 빈칸에 맞는 단어를 넣으세요.

a) 옷을 입다 穿_____

b) 모자를 쓰다 带_____

c) 목걸이를 벗다 脱_____

d) 안경을 쓰다 带_____

e) 귀걸이를 걸다 带_____

f) 바지를 벗다 脱_____

5 다음 단어를 중국어로 표기하세요.

수영복 _____ 비스킷 _____ 평상복 _____

진짜의 _____ 장갑 _____

1 a) 收银台　零钱　女装　电器　家具
b) 大米　밀가루　过자　果汁　아이스크림　牛奶
c) 裤子　청바지　男装　毛衣　소매
d) 裙子　평상복　원피스　旗袍　스타킹
e) 袜子　手套　领带　手帕　벨트
f) 香水　口红　마스카라　化妆　세숫비누

2 선풍기 – 风扇　　세탁기 – 洗衣机　　전기밥솥 – 电饭锅　　캠코더 – 摄像机
전기다리미 – 电熨斗

3 a) 蓝宝石　珍珠　钻石　绿宝石　玉
b) 사탕　초콜릿　장식　초　생일 케이크

4 a) 衣服　　b) 帽子　　c) 项链　　d) 眼镜　　e) 耳环　　f) 裤子

5 游泳衣　饼干　便服　真的　手套

Theme 8

→ **体育运动 · 爱好**
tǐyùyùndòng · àihào 티위엔똥 · 아이하오
스포츠 · 취미 sports · chwimi

1 인간
2 가정
3 수
4 도시
5 교통
6 업무
7 쇼핑
8 스포츠 · 취미
9 자연

体育运动 tǐyù yùndòng 티위윈똥 **스포츠** sports

개인 스포츠 gaein sports

□ 保龄球 bǎolíngqiú 바오링치우
볼링 bowling

□ 高尔夫球 gāo'ěrfūqiú 까오얼푸치우
골프 golf

□ 网球 wǎngqiú 왕치우
테니스 tennis

□ 拳击 quánjī 취엔찌
권투 gwontu

□ 冲浪 chōnglàng 충랑 서핑 surfing
冲浪已经是普遍的运动。
Chōnglàng yǐjing shì pǔbiànde yùndòng.
충랑 이징 쓰 푸삐엔 더 윈똥
서핑은 이미 대중적인 스포츠가 되었다.

□ 台球 táiqiú 타이치우 당구 danggu

□ 直排轮滑 zhípái lúnhuá 즈파이룬화
인라인스케이팅 inline skating

他喜欢直排轮滑。
Tā xǐhuān zhípái lúnhuá.
타 시환 즈파이룬화
그는 인라인스케이팅을 즐긴다.

□ 钓鱼 diàoyú 띠아오위
낚시 naksi

관련 단어

□ 滑冰 huábīng 화삥 스케이팅 skating

□ 自行车运动 zìxíngchē yùndòng 쯔싱처윈똥 사이클링 cycling

□ 乘马 chéngmǎ 청마 승마 seungma

□ 慢跑 mànpǎo 만파오 조깅 jogging

□ 滑板 huábǎn 화반 스케이트보드 skateboard

□ 滑雪 huáxuě 화쉬에 스키 ski

□ 特技跳伞 tèjì tiàosǎn 터찌티아오산 스카이다이빙 skydiving

□ 斯库巴潜水 sīkùbā qiánshuǐ 쓰쿠빠치엔쉐이 스쿠버다이빙 scuba diving

□ 滑板滑雪 huábǎn huáxuě 화반화쉬에 스노보딩 snow boarding

□ 游泳 yóuyǒng 요우융 수영 suyeong

□ 登山 dēngshān 떵샨 등산 deungsan

□ 健身 jiànshēn 찌엔션 헬스 health

1 인간
2 가정
3 수
4 도시
5 교통
6 업무
7 쇼핑
8 스포츠·취미
9 자연

단체 스포츠 danche sports

□ **棒球** bàngqiú ᵇᵃⁿᵍᶜʰⁱᵘ 야구 yagu
棒球是代表美国的运动。
Bàngqiú shì dàibiǎo měiguó de yùndòng.
빵치우 쓰 따이비아오 메이구어 더 윈똥
야구는 미국을 대표하는 스포츠다.

□ **足球** zúqiú ᵖᵘᶜʰⁱᵘ 축구 chukgu
他是个不折不扣的球迷。
Tā shì ge bùzhébúkòu de qiúmǐ.
타 쓰 거 뿌저부코우 더 치우미
그는 열렬한 축구 팬이다.

□ **篮球** lánqiú 란치우 농구 nonggu

□ **排球** páiqiú 파이치우 배구 baegu

□ **漂流** piāoliú 피아오리우 래프팅 rafting

206

1 인간

2 가정

3 수

4 도시

5 교통

6 업무

7 쇼핑

8 스포츠·취미

9 직업

관련 단어

□ 曲棍球 qūgùnqiú 취군치우 하키 hockey

□ 乒乓球 pīngpāngqiú 핑팡치우 탁구 takgu

□ 运动器械 yùndòng qìxiè 윈뚱치시에 운동 기구 undonggigu

□ 足球 zúqiú 주치우 축구공 chukgugong

□ 球拍 qiúpāi 치우파이 라켓 racket

□ 球棒 qiúbàng 치우빵 야구 배트 yagu baeteu

□ 头盔 tóukuī 토우쿠이 헬멧 helmet

□ 护面 hùmiàn 후미엔 마스크 mask

□ 手套 shǒutào 쇼우타오 글러브 glove

□ 护肩 hùjiān 후지엔 어깨 보호대 eokkae bohodae

□ 冰鞋 bīngxié 삥시에 스케이트 skate

□ 登山鞋 dēngshānxié 떵산시에 등산화 deungsanhwa

□ 鱼竿 yúgān 위깐 낚싯대 naksitdae

□ 鱼饵 yú'ěr 위얼 미끼, 낚싯밥 mikki, naksitbap

□ 秒表 miǎobiǎo 미아오비아오 스톱워치 stop watch

□ 潜水服 qiánshuǐfú 치엔쉐이푸 잠수복 jamsubok

□ 脚蹼 jiǎopǔ 지아오푸 물갈퀴, 오리발 mulgalkwi, oribal

□ 氧气瓶 yǎngqìpíng 양치핑 산소통 sansotong

□ 水肺 shuǐfèi 쉐이페이 수중 호흡기 sujung hoheupgi

游泳池 yóuyǒngchí 요우용츠 **수영장** suyeongjang

☐ 游泳 yóuyǒng 요우용 수영 suyeong

☐ 伸展运动 shēnzhǎn yùndòng 선잔윈뚱
스트레칭 stretching

☐ 跳水 tiàoshuǐ 티아오쉐이 다이빙(하다) daibing(hada)

☐ 跳台 tiàotái 티아오타이 다이빙대 daibingdae

☐ 游泳圈 yóuyǒngquān 요우용취엔 **튜브** tube

☐ 游泳衣 yóuyǒngyī 요우용이
수영복 suyeongbok
糟了没带游泳衣。
Zāole。Méi dài yóuyǒngyī。
짜오 러 메이 따이 요우용이
이런, 수영복을 안 가져왔네

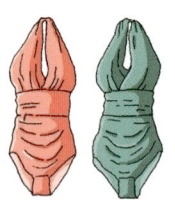

☐ 游泳镜 yóuyǒngjìng 요우용찡
물안경 murangyeong

1 인간

2 가정

3 수

4 도시

5 교통

6 업무

7 쇼핑

8 스포츠·취미

9 자연

관련 단어

- □ **自由泳** zìyóuyǒng 쯔요우융 자유형 jayuhyeong
- □ **蛙泳** wāyǒng 와융 평영 pyeonghyeong
- □ **蝶泳** diéyǒng 디에융 접영 jeobyeong
- □ **仰泳** yǎngyǒng 양융 배영 baeyeong
- □ **救生员** jiùshēngyuán 찌우성위엔 안전 요원 anjeon nyowon
- □ **救生背心** jiùshēng bèixīn 찌우성뻬이씬 구명 조끼 gumyeong jokki
- □ **痉挛** jìngluán 찡루안 쥐, 경련 jwi, gyeongnyeon
- □ **滑梯** huátī 화티 미끄럼틀 mikkeureomteul
- □ **泳道** yǒngdào 융따오 (수영장의) 레인 (suyeongjangui) lane
- □ **游泳帽** yóuyǒngmào 요우융마오 수영 모자 suyeongmoja
- □ **日光浴床位** rìguāngyù chuángwèi 르꽝위추앙웨이 일광욕 침대 ilgwangyok chimdae
- □ **晒黑** shàihēi 싸이헤이 선탠 suntan

dialogue
对话

A: **今天我们要学蝶泳。**
Jīntiān wǒmen yào xué diéyǒng.
쩐티엔 워먼 야오 쉬에 디에융
오늘 배울 수영 종목은 접영입니다.

B: **不难吗？自由泳也还不太熟悉。**
Bùnán ma? Zìyóuyǒng yě hái bútài shúxī.
뿌난 마 쯔요우융 예 하이 부타이 슈시
어렵지 않나요? 아직 자유형도 제대로 못하는데요.

209

健身房 jiànshēnfáng 티위관 헬스클럽 health club

☐ 跑步机 pǎobùjī 파오뿌찌
러닝머신 running machine

☐ 室内健身脚踏车
shìnèi jiànshēn jiǎotàchē 쓰네이찌엔션지아오타처
사이클론 cyclone

☐ 杠铃 gānglíng 깡링 역기 yeokgi
我每天早上用杠铃做运动。
Wǒ měitiān zǎoshàng yòng gānglíng zuò
yùndòng。
위 메이티엔 자오쌍 융 깡링 쭈어 윈똥
나는 아침마다 역기로 운동을 한다.

☐ 教练 jiàoliàn 찌아오리엔 코치 coach
我们的教练很严格。
Wǒmen de jiàoliàn hěn yángé。
워먼 더 찌아오리엔 헌 옌거
우리 팀의 코치는 아주 엄격하다.

☐ 引体向上 yǐntǐ xiàngshàng 인티샹썅
턱걸이(를 하다) teokgeori(reul hada)
我弟弟一个引体向上也做不了。
Wǒ dìdi yíge yǐntǐxiàngshàng yě zuòbuliǎo。
위 띠디 이거 인티샹썅 예 쭈어부리아오
내 동생은 턱걸이를 한번도 못한다.

☐ 哑铃 yǎlíng 야링
아령 aryeong

□ 俯卧撑 fǔwòchēng 푸워청
푸시업 push-up

□ 仰卧起坐 yǎngwò qǐzuò 양워치쭈어
윗몸일으키기 winmomireukigi

관련 단어

□ 举重运动 jǔzhòng yùndòng 쥐쯍윈똥 역기 들어올리기 yeokgi deureoolligi

□ 运动衫 yùndòngshān 윈똥샨 스포츠 셔츠 sport shirt

□ 健美操 jiànměicāo 찌엔메이차오 에어로빅 aerobics

□ 跳绳 tiàoshéng 티아오셩 줄넘기 julleomgi

□ 锻炼 duànliàn 뚜안리엔 (몸을) 단련하다 (momeul) dallyeonhada

□ 热身 rèshēn 러션 준비 운동을 하다 junbi undongeul hada

□ 无氧运动 wúyǎng yùndòng 우양윈똥 무산소 운동 musanso undong

□ 有氧运动 yǒuyǎng yùndòng 요우양윈똥 유산소 운동 yusanso undong

dialogue
对话

A: 我们一起去健身房, 怎么样?
　　Wǒmen yìqǐ qù jiànshēnfáng, zěnmeyàng?
　　워먼 이치 취 찌엔션팡 쩐머양
　　우리 같이 헬스클럽에 다니는 건 어떨까?

B: 麻烦。你自己去吧。
　　Máfan。 Nǐ zìjǐ qù ba。
　　마판 니 쯔지 취 바
　　귀찮아! 너나 다녀.

1 인간
2 가정
3 수
4 도시
5 교통
6 업무
7 쇼핑
8 스포츠·취미
9 자연

爱好 àihào 아이하오 취미 chwimi

□ **读书** dúshū 두슈 독서 dokseo
小孩儿真喜欢读书。
Xiǎoháir zhēn xǐhuān dúshū.
샤오할 쩐 시환 두슈
어린아이가 독서를 참 좋아하는구나.

□ **天体观测** tiāntǐ guāncè 티엔티관처
천체 관측 cheonchegwancheuk

□ **仿形** fǎngxíng 팡싱
모형 제작 mohyeong jejak

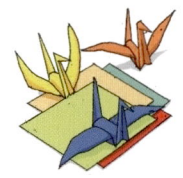

□ **折纸** zhézhǐ 저즈
종이접기 jongijeopgi

□ **陶艺** táoyì 타오이 도예 doye
这杯子是我学了陶艺做的。
Zhè bēizi shì wǒ xué le táoyì zuò de.
쩌 베이즈 쓰 워 쉬에 러 타오이 쭈어 더
이 컵은 내가 도예를 배워서 만든 거야.

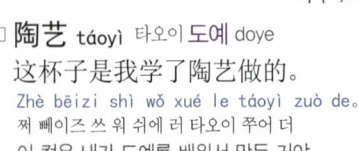

□ **刺绣** cìxiù 츠씨우
자수 jasu

□ **毛活** máohuó 마오후어
뜨개질 tteugaejil

1 인간

2 가정

3 수

4 도시

5 교통

6 업무

7 쇼핑

8 스포츠·취미

9 지역

관련 단어

□ 针线 zhēnxiàn 쩐씨엔 바느질 baneujil

□ 拍摄 pāishè 파이써 사진 촬영 sajinchwaryeong

□ 工艺 gōngyì 꿍이 공예 gongye

□ 烹调 pēngtiáo 펑티아오 요리 yori

□ 集邮 jíyóu 지요우 우표 수집 upyosujip

□ 拼图玩具 pīntú wánjù 핀투완쮜 조각 퍼즐 맞추기 jogak peojeul matchugi

□ 书法 shūfǎ 슈파 서예 seoye

□ 围棋 wéiqí 웨이치 바둑 baduk

□ 象棋 xiàngqí 쌍치 장기 janggi

□ 国际象棋 guójì xiàngqí 구어찌쌍치 체스 chess

dialogue
对话

A: 你有什么爱好?
　　Nǐ yǒu shénme àihào?
　　니 요우 션머 아이하오
　　취미가 뭐예요?

B: 我喜欢照照片。
　　Wǒ xǐhuān zhào zhàopiàn.
　　워 시환 짜오 짜오피엔
　　사진 찍는 걸 좋아해요.

A: 那是很好的爱好。
　　Nà shì hěnhǎode àihào。
　　나 쓰 헌 하오 더 아이하오
　　좋은 취미를 가지셨네요!

B: 我也觉得是。
　　Wǒ yě juéde shì。
　　워 예 쮀에더 쓰
　　저도 그렇게 생각한답니다.

扑克(牌) pūkè(pái) 푸커(파이) 카드 게임 card game

□ A纸牌 A zhǐpái 에이즈파이
에이스(A) Ace

看来他有A纸牌。
Kànlái tā yǒu A zhǐpái.
칸라이 타 요우 에이즈파이
그는 에이스를 가지고 있는 것 같다.

□ 王 wáng 왕 킹(K) King

□ 女王 nü wáng 뉘왕 퀸(Q) Queen

□ 杰克 jiékè 지에커 잭(J) Jack

□ 王牌 wángpái 왕파이 조커(JOKER)

不管怎么说,要出王牌。
Bùguǎn zěnmeshuō, yào chū wángpái.
뿌관 쩐머 슈어 야오 추 왕파이
아무래도 조커를 내야겠네.

□ 方块 fāngkuài 팡콰이
다이아몬드(◆) Diamond

□ 黑桃 hēitáo 헤이타오
스페이드(♠) Spade

214

□ 红心 hóngxīn 홍신 하트(♥) Heart　□ 梅花 méihuā 메이화 클로버(♣) Clover

관련 단어

□ 纸牌 zhǐpái 즈파이 트럼프 trump

□ 一副牌 yīfù pái 이푸파이 카드 한 벌 card han beol

□ 套 tào 타오 같은 짝의 패 gachin jjagui pae

□ 洗纸牌 xǐ zhǐpái 시즈파이 카드를 섞다 kadeureul seokda

□ 分牌 fēnpái 펀파이 카드를 배분하다 kadeureul baebunhada

□ 轮次 lúncì 룬츠 차례 charye

□ 赢 yíng 잉 이기다 igida

□ 输 shū 슈 지다 jida

□ 赌输赢 dǔshūyíng 두쓔잉 내기(하다) naegi(hada)

dialogue
对话

A: 我们打扑克牌吧。
Wǒmen dǎ pūkèpái ba。
위먼 다 푸커파이 바
우리 카드 게임하자.

B: 我不会玩扑克牌。
Wǒ búhuì wán pūkèpái。
워 부후이 완 푸커파이
난 못 하는데.

A: 真的? 很好学。我教你。
Zhēnde? hěnhǎoxué。 Wǒ jiāo nie。
쩐더 헌 하오쉐에 워 찌아오 니
그걸 못 한다구? 쉬워. 내가 가르쳐 줄게.

1 인간
2 가정
3 수
4 도시
5 교통
6 의무
7 쇼핑
8 스포츠·취미
9 자연

旅游 lǚyóu 뤼요우 **여행** yeohaeng

□ 观光 guānguāng 꽌꽝
관광(하다) gwangwang(hada)

□ 夜间之旅 yèjiān zhī lǚ 예찌엔쯔뤼
야간 관광 yagan gwangwang

□ 纪念品 jìniànpǐn 찌니엔핀
기념품 ginyeompum
这纪念品是送给你的。
Zhè jìniànpǐn shì sònggěi nǐ de.
쩌 찌니엔핀 쓰 쏭게이 니 더
이 기념품은 너 주려고 사온 거야.

□ 旅游客 lǚyóukè 뤼요우커
관광객 gwangwanggaek
那城市里有很多旅游客。
Nà chéngshì lǐ yǒu hěn duō lǚyóukè.
나 청쓰 리 요우 헌 뚜어 뤼요우커
그 도시는 관광객들이 득실거린다.

□ 展望台 wàngtái 잔왕타이
전망대 jeonmangdae

□ 艺术品 yìshùpǐn 이슈핀
예술품 yesulpum

1 인간

2 가정

3 수

4 도시

5 교통

6 업무

7 쇼핑

8 스포츠·취미

9 자연

관련 단어

□ 旅行社 lǚ xíngshè 뤼싱써 여행사 yeohaengsa

□ 预定 yùdìng 위띵 예약 yeyak

□ 假期 jiàqī 찌아치 휴가[방학] 기간 hyuga[banghak] gigan

□ 导游 dǎoyóu 따오요우 가이드, 관광 안내원 guide, gwangwang annaewon

□ 一日游 yīrìyóu 이르요우 당일 여행 dangil ryeohaeng

□ 跟团旅行 gēntuán lǚ xíng 껀투안뤼싱 단체 여행 danche yeohaeng

□ 自助旅行 zìzhù lǚ xíng 쯔쭈뤼싱 배낭 여행 baenang yeohaeng

□ 国外旅行 guówài lǚ xíng 구어와이뤼싱 해외 여행 haeoe yeohaeng

□ 乘船旅行 chéngchuán lǚ xíng 청추안뤼싱 선박 여행 seonbak gyeohaeng

□ 晕船 yùnchuán 윈추안 뱃멀미 baenmeolmi

□ 旅游车 lǚ yóuchē 뤼요우처 관광 버스 gwangwang beoseu

□ 自由时间 zìyóu shíjiān 쯔요우스찌엔 자유 시간 jayu sigan

□ 观光路线 guānguāng lùxiàn 꽌꽝루씨엔 관광 코스 gwangwang koseu

□ 遗址 yízhǐ 이즈 유적지, 옛터 yujeokji, yetteo

□ 必游之地 bì yóu zhī dì 삐요우쯔띠 꼭 가보아야 할 곳 kkok gaboaya hal got

dialogue
对话

A: 从星期六开始放假。我们一起去旅游吗?
　　Cóng xīngqīliù kāishǐ fàngjià。Wǒmen yìqǐ qù lǚyóu ma?
　　총 씽치리우 카이스 팡찌아 워먼 이치 취 뤼요우 마
　　나 토요일부터 휴가야. 같이 여행 가지 않을래?

B: 对不起。我打算跟家人一起去。
　　Duìbuqǐ。Wǒ dǎsuàn gēn jiārén yìqǐ qù。
　　뚜이부치 워 다쑤안 껀 찌아런 이치 취
　　미안, 난 가족들이랑 같이 갈 계획이야.

日光浴 rìguāngyù 르꽝위 **일광욕** ilgwangyok

❶ 墨镜 mòjìng 모찡 선글라스 sunglasses

❷ 海滨大遮阳伞 hǎibīn dàzhēyángsǎn 하이삔따쩌양산 비치파라솔 beach parasol

❸ 比基尼 bǐjīní 비찌니 비키니 bikini

☐ 遮光剂 zhēguāngjì 쩌꽝찌
자외선 차단 크림 jaoeseon chadan keurim

☐ 波浪 bōlàng 뽀랑 파도 pado
他坐在海边，看着波浪。
Tā zuòzài hǎibiān, kànzhe bōlàng.
타 쭈어 짜이 하이삐엔 칸저 뽀랑
그는 해변에 앉아서 파도를 보고 있다.

☐ 贝 bèi 뻬이 조개 jogae
在沙滩捡了几个贝回来。
Zài shātān jiǎn le jǐge bèi huílái.
짜이 샤탄 지엔 러 지 거 뻬이 후이라이
모래사장에서 조개 몇 개를 주워 왔어.

1 인간

2 가정

3 수

4 도시

5 교통

6 일무

7 쇼핑

8 스포츠·취미

9 자연

관련 단어

- □ 海 hǎi 하이 **바다** bada
- □ 海滨 hǎibīn 하이삔 **해변** haebyeon
- □ 太阳 tàiyáng 타이양 **태양** taeyang
- □ 沙子 shāzi 샤즈 **모래** morae
- □ 海鸥 hǎiōu 하이오우 **갈매기** galmaegi
- □ 日出 rìchū 르추 **일출** ilchul
- □ 日落 rìluò 르루어 **일몰** rilmol
- □ 水皮球 shuǐpíqiú 쉐이피치우 **비치볼** beach ball
- □ 遮阳帽 zhēyángmào 저양마오 **차양 모자** chayang moja
- □ 日光油 rìguāngyóu 르꽝요우 **선탠 오일** suntan oil

dialogue
对话

A: 我的皮肤都晒黑了。
　　Wǒde pífū dōu shàihēi le。
　　워 더 피푸 또우 싸이헤이 러
　　나 피부가 너무 많이 탔나 봐.

B: 要进去吗?
　　Yào jìnqù ma?
　　야오 찐취 마
　　그만 안으로 들어갈까?

A: 嗯。我们要吃什么。
　　Èng。Wǒmen yào chī shénme。
　　엉 워먼 야오 츠 션머
　　그래. 우리 뭐 좀 먹자.

电视 diànshì 띠엔쓰 텔레비전 television

□ **电视频道** diànshì píndào 띠엔쓰핀따오
텔레비전 채널 television channel

□ **解说员** jiěshuōyuán 지에슈어위엔
해설자 haeseolja

那解说员真没意思。
Nà jiěshuōyuán zhēn méiyìsi.
나 지에슈어위엔 쩐 메이 이쓰
저 해설자 정말 재미없게 하네.

□ **喜剧演员** xǐjù yǎnyuán 시쮜옌위엔
개그맨 gaegeumaen

□ **主持人** zhǔchírén 주츠런
사회자 sahoeja

□ **广告** guǎnggào 광까오 광고 gwanggo
真烦,怎么会有这么多广告?
Zhēn fán, zěnme huì yǒu zhème duō guǎnggào?
쩐 판 쩐머 후이 요우 쩌머 뚜어 광까오
짜증나, 광고는 왜 이렇게 많아?

□ **动画片** dònghuàpiàn 똥화피엔
만화 영화 manhwa yeonghwa

□ **实况转播** shíkuàng zhuǎnbō 스쾅주안뽀
생중계 saengjunggye

1 인간
2 가정
3 수
4 도시
5 교통
6 업무
7 쇼핑
8 스포츠·취미
9 자연

관련 단어

□ **收视观众** shōushì guānzhòng 쇼우쓰꽌쭁 시청자 sicheongja

□ **节目** jiémù 지에무 프로그램 program

□ **监制人** jiānzhìrén 찌엔쯔런 프로듀서, PD producer, PD

□ **高清电视** gāoqīng diànshì 까오칭띠엔쓰 고화질 TV gohwajil TV

□ **黄金时段** huángjīn shíduàn 황찐스뚜안 황금시간대 hwanggeumsigandae

□ **演艺人员** yǎnyì rényuán 옌이런위엔 연예인 yeonyein

□ **小乐团** xiǎoyuètuán 샤오위에투안 그룹 사운드 group sound

□ **大众传播工具** dàzhòng chuánbō gōngjù 따쭁추안뽀꿍쮜 매스컴 masscom

□ **电视剧** diànshìjù 띠엔쓰쮜 드라마, 연속극 drama, yeonsokgeuk

□ **配音演员** pèiyīn yǎnyuán 페이인옌위엔 성우 seongu

□ **歌手** gēshǒu 꺼쇼우 가수 gasu

□ **必看的** bì kàn de 삐칸더 꼭 봐야 하는 것 kkok bwaya haneun geot

□ **放录相** fàng lùxiàng 팡루샹 녹화 방송 nokhwa bangsong

□ **回放** huí fàng 후이팡 재방송하다 jaebangsonghada

□ **单独采访** dāndú cǎifǎng 딴두차이팡 독점 취재 dokjeom chwijae

电影 diànyǐng 띠엔잉 **영화** yeonghwa

① 银幕 yínmù 인무
영화 스크린 yeonghwa seukeurin

② 坐席 zuòxí 쭈어시
좌석 jwaseok

③ 观众 guānzhòng 꽌쫑
관객 gwangaek

④ 爆米花 bàomǐhuā 빠오미화
팝콘 popcorn

□ 售票处 shòupiàochù 쇼우피아오추
매표소 maepyoso

大家都在售票处排队。
Dàjiā dōu zài shòupiàochù páiduì。
따지아 또우 자이 쇼우피아오추 파이뚜이
모두 매표소 앞에 줄을 섰다.

□ 小卖部 xiǎomàibù 샤오마이뿌
매점 maejeom

□ 男主角 nánzhǔjué 난주쮀에
남자 주인공 namja juingong

□ 女主角 nǚzhǔjué 뉘주쮀에
여자 주인공 yeoja juingong

□ 导演 dǎoyǎn 다오옌 감독 gamdok

□ 悲剧 bēijù 뻬이쥐 비극 bigeuk
这部电影真是个悲剧。
Zhè bù diànyǐng zhēn shì ge bēijù。
쩌 뿌 띠엔잉 쩐 쓰 거 뻬이쥐
이 영화 그야말로 비극적이다.

관련 단어

□ 电影院 diànyǐngyuàn 띠엔잉위엔 영화관 yeonghwagwan

□ 广告牌 guǎnggàopái 광까오파이 광고판 gwanggopan

□ 角色 juésè 쥐에써 배역, 역할 baeyeok, yeokhwal

□ 恐怖片 kǒngbùpiàn 콩뿌피엔 공포 영화 gongpo yeonghwa

□ 喜剧片 xǐjùpiàn 시쥐피엔 코믹 영화 comic yeonghwa

□ 惊险片 jīngxiǎnpiàn 찡씨엔피엔 스릴러 영화 thriller yeonghwa

□ 科幻电影 kēhuàn diànyǐng 커환띠엔잉
공상 과학 영화 gongsang gwahak yeonghwa

□ 灾难片 zāinànpiàn 짜이난피엔 재난 영화 jaenan yeonghwa

dialogue
对话

A: 我们去看电影吧。
Wǒmen qù kàn diànyǐng ba。
워먼 취 칸칸 띠엔잉 바
우리 영화 보러 가자.

B: 有好玩的恐怖片吗?
Yǒu hǎowánde kǒngbùpiàn ma?
요우 하오완 더 콩뿌피엔 마
재미있는 공포 영화 하니?

A: 没有, 我要看戏剧片。
Méiyǒu, wǒ yào kàn xǐjùpiàn。
메이요우 워 야오 칸 시쮜피엔
아니, 난 코믹 영화 보려고 하는데….

1 인간

2 가정

3 수

4 도시

5 교통

6 업무

7 쇼핑

8 스포츠·취미

9 자연

演奏会 yǎnzòuhuì 옌쬬우후이 **연주회** yeonjuhoe

□ 管弦乐队 guǎnxiányuèduì 관시엔위에뚜이
관현악단 gwanhyeonakdan

□ 指挥家 zhǐhuījiā 즈후이찌아
지휘자 jihwija

□ 指挥棒 zhǐhuībàng 즈후이빵
지휘봉 jihwibong

□ 指挥台 zhǐhuītái 즈후이타이
지휘대 jihwidae

□ 乐谱 yuèpǔ 위에푸
악보 akbo

□ 小提琴 xiǎotíqín 샤오티친
바이올린 violin

□ 长号 chánghào 창하오
트롬본 trombone

□ 大提琴 dàtíqín 따티친
첼로 cello

□ 钢琴 gāngqín 깡친 피아노 piano

□ 小号 xiǎohào 샤오하오
트럼펫 trumpet

224

□ 吉他 jítā 지타 기타 guitar

□ 吉他手 jítāshǒu 지타쇼우 기타리스트 guitarist
吉他手的手法真好。
Jítāshǒu de shǒufǎ zhēn hǎo.
지타쇼우 더 쇼우파 쩐 하오
저 기타리스트 손놀림이 정말 대단하다.

□ 洋鼓 yánggǔ 양구 드럼 drum

□ 鼓手 gǔshǒu 구쇼우
드러머 drummer

관련 단어

□ 音乐家 yīnyuèjiā 인위에찌아 음악가, 뮤지션 eumakga, musician

□ 歌剧 gējù 꺼쮜 오페라 opera

□ 交响曲 jiāoxiǎngqǔ 찌아오샹취 교향곡, 심포니 gyohyanggok, symphony

□ 弦乐四重奏 xiányuè sìchóngzòu 시엔위에쓰총쪼우
현악사중주 hyeonaksajungju

□ 合奏 hézòu 허쪼우 앙상블 ensemble

□ 中提琴 zhōngtíqín 쫑티친 비올라 viola

dialogue
对话

A: 啊，表演真棒。
Ā, biǎoyǎn zhēn bàng.
아 비아오옌 쩐 빵
야, 멋진 공연이었어.

B: 对。小提琴手真了不起。
Duì. Xiǎotíqínshǒu zhēn liǎobuqǐ.
뚜이 샤오티친쇼우 쩐 리아오부치
그렇지. 바이올린 연주자 정말 대단하더라.

A: 钢琴也很好。
Gāngqín yě hěnhǎo.
깡친 예 헌 하오
피아노 연주도 훌륭했잖아!

1 인간
2 가정
3 수
4 도시
5 교통
6 업무
7 쇼핑
8 스포츠·취미
9 자연

游乐园 yóulèyuán 요우러위엔 놀이공원 norigongwon

□ 气球 qìqiú 치치우 풍선 pungseon

□ 小丑 xiǎochǒu 샤오초우
어릿광대 eoritgwangdae

看小丑跳舞。
Kàn xiǎochǒu tiàowǔ.
칸 샤오초우 티아오우
저 어릿광대 춤추는 거 봐.

□ 转马 zhuǎnmǎ 주안마
회전 목마 hoejeonmongma

我喜欢坐转马。
Wǒ xǐhuān zuò zhuǎnmǎ.
위 시환 쭈어 주안마
나는 회전목마 타는 것을 좋아한다.

□ 摩天轮 mótiānlún 모티엔룬
회전 관람차 hoejeon gwallamcha

我们坐一坐摩天轮吧。
Wǒmen zuòyizuò mótiānlún ba.
위먼 쭈어이쭈어 모티엔룬 바
우리 회전 관람차도 타 볼까?

□ 过山车 guòshānchē 꾸어산처
롤러코스터 roller coaster

□ 动物园 dòngwùyuán 뚱우위엔
동물원 dongmurwon

226

□ **小卖部** xiǎomàibù 샤오마이뿌
매점 maejeom

□ **棉花糖** miánhuātáng 미엔화탕
솜사탕 somsatang

妈, 我想吃棉花糖。
Mā, wǒ xiǎng chī miánhuātáng.
마 워 샹 츠 미엔화탕
엄마, 나 솜사탕 먹고 싶어.

관련 단어

□ **问事处** wènshìchù 원쓰추 **안내소** annaeso

□ **乘坐的东西** chéngzuò de dōngxi 청쭈어더똥시 **탈것** (통틀어서 말함) talgeot

□ **缆车** lǎnchē 란처 **케이블카** cable car

□ **碰碰车** pèngpengchē 펑펑처 **범퍼카** bumper car

□ **看头** kàntou 칸토우 **구경거리** gugyeonggeori

□ **海狗表演** hǎigǒu biǎoyǎn 하이꼬우비아오옌 **물개 쇼** mulgae syo

□ **植物园** zhíwùyuán 즈우위엔 **식물원** singmurwon

□ **滑梯** huátī 화티 **미끄럼틀** mikkeureomteul

□ **秋千** qiūqiān 치우치엔 **그네** geune

□ **入口** rùkǒu 루코우 **입구** ipgu

□ **出口** chūkǒu 추코우 **출구** chulgu

1 인간
2 가정
3 수
4 도시
5 교통
6 업무
7 쇼핑
8 스포츠·취미
9 자연

복습문제

1 다음 단어를 중국어 혹은 우리말로 바꾸세요.

a) 낚시 _____   축구 _____   야구 _____

   탁구 _____   테니스 _____   스키 _____

b) 수영 _____   游泳圈 _____ 俯卧撑 _____

   줄넘기 _____   仰卧起坐 _____

c) 折纸 _____   자수 _____   毛活 _____

   서예 _____   바둑 _____

d) A纸牌 _____   하트 _____   내기(하다) _____

   이기다 _____   지다 _____   카드를 섞다 _____

e) 관광객 _____   전망대 _____   예약 _____

   유적지 _____   乘船游览 _____

2 다음 그림과 알맞은 단어를 연결하세요.

·   ·   ·   ·   ·

·   ·   ·   ·   ·

伸展运动   波浪   游泳镜   遮光剂   贝

다음 빈칸에 맞는 단어를 넣으세요.

a) TV 광고는 매우 재미있다. _____很有意思。

b) 나는 드라마 보기를 좋아한다. 我喜欢看_____。

c) 내가 제일 좋아하는 가수는 임현제입니다. 我最喜欢的_____是任贤齐。

d) 중국 영화는 매우 재미있습니다. 中国_____非常有意思。

e) 코믹 영화를 보면 스트레스 해소가 됩니다. 看_____能解除压力。

f) 매주 일요일에 만화 영화를 봅니다. 每星期天看_____。

4 다음 단어를 중국어 혹은 우리말로 바꾸세요.

a) 관객 _____   여자 주인공 _____

   惊险片 _____   프로그램 _____

   角色 _____

b) 지휘자 _____   小提琴 _____

   악보 _____   음악가 _____

   钢琴 _____

c) 过山车 _____   摩天轮 _____

   솜사탕 _____   케이블카 _____

   그네 _____

1 a) 钓鱼   足球   棒球   乒乓球   网球   滑雪
  b) 游泳   튜브   푸시업   跳绳   윗몸일으키기
  c) 종이접기   刺绣   뜨개질   书法   围棋
  d) 에이스   红心   赌输赢   赢   输   洗纸牌
  e) 旅游客   望台   预定   遗址   선박 여행

2 파도-波浪   자외선 차단제-遮光剂   조개-贝   스트레칭-伸展运动
  물안경-游泳镜

3 a) 电视广告   b) 电视剧   c) 歌手   d) 电影   e) 喜剧片   f) 动画片

4 a) 观众   女主角   스릴러 영화   节目   배역
  b) 指挥家   바이올린   乐谱   音乐家   피아노
  c) 롤러코스터   회전 관람차   棉花糖   缆车   秋千

5 沙子   动物园   陶艺   烹调   假期

Theme 9

→ 自然 zìrán 쯔란 자연 jayeon

1 인간
2 가정
3 수
4 도시
5 교통
6 업무
7 쇼핑
8 스포츠·취미
9 자연

动物 dòngwù 똥우 **동물** dongmul

□ 马 mǎ 마 말 mal

□ 老虎 lǎohǔ 라오후
호랑이 horangi

□ 狐狸 húli 후리
여우 yeou

□ 斑马 bānmǎ 빤마
얼룩말 eollungmal

□ 大象 dàxiàng 따썅
코끼리 kokkiri

□ 熊 xióng 시옹
곰 gom

□ 鹿 lù 루 사슴 saseum

□ 骆驼 luòtuo 루어투어
낙타 nakta

□ 长颈鹿 chángjǐnglù 창찡루
기린 girin

□ 狼 láng 랑 늑대 neukdae

狼是支持一夫一妻制的动物。

Láng shì zhīchí yífùyìqīzhì de dòngwù。

랑 쓰 쯔츠 이푸이치쯔 더 똥우

늑대는 일부일처 하는 동물이래.

□ 猴子 hóuzi 호우즈 원숭이 wonsungi

猴子的表演不太好玩。

Hóuzi de biǎoyǎn bútài hǎowán。

호우즈 더 비아오옌 부 타이 하오완

나는 원숭이 공연이 재미있지만은 않더라.

□ 猫 māo 마오 고양이 goyangi

□ 狗 gǒu 고우 개 gae

□ 蛇 shé 셔 뱀 baem

□ 猪 zhū 쭈 돼지 dwaeji

□ 兔子 tùzi 투즈 토끼 tokki

□ 鳄鱼 èyú 어위 악어 ageo

□ 蝙蝠 biānfú 삐엔푸 박쥐 bakjwi

蝙蝠是哺乳动物。

Biānfú shì bǔrǔdòngwù。

삐엔푸 쓰 부루똥우

박쥐는 포유동물이다.

1 인간
2 가정
3 수
4 도시
5 교통
6 업무
7 쇼핑
8 스포츠·취미
9 자연

관련 단어

☐ **老鼠** lǎoshǔ 라오슈 쥐 jwi

☐ **牛** niú 니우 소 so

☐ **奶牛** nǎiniú 나이니우 젖소 jeotso

☐ **肥鼠** féishǔ 페이슈 햄스터 hamster

☐ **大猩猩** dàxīngxing 따싱싱 고릴라 gorilla

☐ **熊猫** xióngmāo 시웅마오 판다 panda

☐ **河马** hémǎ 허마 하마 hama

☐ **狮子** shīzi 스즈 사자 saja

☐ **爪** zhǎo 자오 (짐승의) 발톱 (jimseungui) baltop

☐ **角** jiǎo 지아오 뿔 ppul

☐ **尾巴** wěiba 웨이바 꼬리 kkori

☐ **蹄** tí 티 발굽 balgup

☐ **鬃** zōng 쫑 (사자, 말 등의) 갈기 (saja, mal deungui) galgi

dialogue
对话

A: **看看那只熊!**
Kànkàn nà zhī xióng!
칸칸 나 쯔 시웅
저 곰 좀 봐!

B: **哇! 我从来没看过这么大的熊。**
Wā! Wǒ cónglái méi kànguo zhème dàde xióng.
와 워 총라이 메이 칸구어 쩌머 따 더 시웅
우와, 지금까지 본 중에 가장 큰 곰이야!

Unit 02

鸟类 niǎolèi 니아오레이 **조류** joryu

☐ 乌鸦 wūyā 우야
까마귀 kkamagwi
在西方国家乌鸦表示吉兆。
Zài xīfāngguójiā wūyā biǎoshì jízào.
짜이 시팡구어지아 우야 비아오쓰 지짜오
까마귀는 서양에서는 길조란다.

☐ 鸽子 gēzi 꺼즈 비둘기 bidulgi
请不要喂鸽子。
Qǐng búyào wèi gēzi.
칭 부야오 웨이 꺼즈
비둘기에게 먹이를 주지 마세요.

☐ 天鹅 tiān'é 티엔어
백조 baekjo

☐ 麻雀 máquè 마췌
참새 chamsae

☐ 鹰 yīng 잉 매 mae

☐ 燕子 yànzi 옌즈 제비 jebi

☐ 秃鹫 tūjiù 투찌우 독수리 doksuri

☐ 海鸥 hǎi'ōu 하이오우 갈매기 galmaegi

1 인간
2 가정
3 수
4 도시
5 교통
6 업무
7 쇼핑
8 스포츠·취미
9 자연

□ 鹦鹉 yīngwǔ 잉우
앵무새 aengmusae

□ 公鸡 gōngjī 꽁찌 수탉 sutak

□ 母鸡 mǔjī 무찌 암탉 amtak

□ 驼鸟 tuóniǎo 투어니아오
타조 tajo

□ 鹤 hè 허 학, 두루미 hak, durumi

□ 云雀 yúnquè 윈췌
종달새 jongdalsae

□ 企鹅 qǐ'é 치어 펭귄 penguin
听说在北极没有企鹅。
Tīngshuō zài běijí méiyǒu qǐ'é.
팅슈어 짜이 베이지 메이요우 치어
북극에는 펭귄이 없대요.

□ 猫头鹰 māotóuyīng 마오토우잉
부엉이 bueongi

1 인간

2 가정

3 수

4 도시

5 교통

6 업무

7 쇼핑

8 스포츠·취미

9 지역

관련 단어

□ 喜鹊 xǐquè 시췌 까치 kkachi

□ 鸭子 yāzi 야즈 오리 ori

□ 雁 yàn 옌 기러기 gireogi

□ 鸡 jī 찌 닭 dak

□ 候鸟 hòuniǎo 호우니아오 철새 cheolsae

  □ 羽毛 yǔmáo 위마오 깃털 gitteol

  □ 鸟喙 niǎohuì 니아오후이 (새의) 부리 (saeui) buri

  □ 钩爪 gōuzhǎo 꼬우짜오 (동물의) 갈고리 발톱 (dongmurui) galgori baltop

  □ 尾羽 wěiyǔ 웨이위 (조류의) 꼬리털, 꽁지 (joryuui) kkoriteol, kkongji

  □ 翅膀 chìbǎng 츠빵 날개 nalgae

  □ 巢 cháo 차오 둥지 dungji

dialogue
对话

A: 公鸡的尾羽比母鸡的长。

Gōngjī de wěiyǔ bǐ mǔjī de cháng.

꽁찌 더 웨이위 비 무찌 더 창

수탉은 꽁지가 길고, 암탉은 꽁지가 짧단다.

B: 啊, 现在才知道。

Ā, xiànzài cái zhīdào.

아 씨엔짜이 차이 쯔다오

아, 그렇군요. 지금까지 몰랐어요.

昆虫 kūnchóng 쿤총 곤충 gonchung

□ 蜂 fēng 펑 벌 beol

□ 蜘蛛 zhīzhū 쯔쭈 거미 geomi

□ 苍蝇 cāngying 창잉 파리 pari

□ 蚂蚁 mǎyǐ 마이 개미 gaemi

我仔细观察蚂蚁的习性。
Wǒ zǐxì guānchá mǎyǐ de xíxìng.
워 즈씨 꽌차 마이 더 시씽
나는 개미의 습성을 관찰했다.

□ 蛾 é 어 나방 nabang

□ 蝴蝶 húdié 후디에 나비 nabi

□ 蜻蜓 qīngtíng 청팅 잠자리 jamjari

□ 蚱蜢 zhàměng 짜멍 메뚜기 mettugi

□ 鹿角虫 lùjiǎochóng 루지아오총
사슴벌레 saseumbeolle

□ 瓢虫 piáochóng 피아오총
무당벌레 mudangbeolle

□ **萤火虫** yínghuǒchóng 잉후어총
개똥벌레 gaettongbeolle

□ **蚊子** wénzi 원즈 모기 mogi
被蚊子咬的地方好痒痒。
Bèi wénzi yǎode dìfang hǎo
yǎngyǎng。
뻬이 원즈 야오 더 디팡 하오 양양
모기에 물려서 너무 가렵다.

□ **蟑螂** zhāngláng 짱랑
바퀴벌레 bakwibeolle
蟑螂喜欢又阴暗又潮湿的地方。
Zhāngláng xǐhuān yòu yīnàn yòu
cháoshī de dìfang。
짱랑 시환 요우 인안 요우 차오스 더 띠팡
바퀴벌레는 습하고 어두운 곳을 좋아한다.

□ **蟋蟀** xīshuài 시쓔아이
귀뚜라미 gwitturami

관련 단어

□ **甲虫** jiǎchóng 찌아총 딱정벌레 ttakjeongbeolle

□ **地龙** dìlóng 띠롱 지렁이 jireongi

□ **卵** luǎn 루안 알 al

□ **幼虫** yòuchóng 요우총 애벌레 raebeolle

□ **蛹** yǒng 용 번데기 beondegi

□ **成虫** chéngchóng 청총 성충 seongchung

□ **触角** chùjiǎo 추지아오 더듬이 deodeumi

□ **头部** tóubù 토우뿌 두부, 머리 부분 dubu, meori bubun

□ **胸部** xiōngbù 시옹뿌 흉부, 가슴 부분 hyungbu, gaseum bubun

□ **腹部** fùbù 푸뿌 복부, 배 부분 bokbu, bae bubun

□ **蜇针** zhēzhēn 쩌쩐 (곤충 등의) 침, 가시 (gonchung deungui) chim, gasi

1 인간
2 가정
3 수
4 도시
5 교통
6 업무
7 쇼핑
8 스포츠·취미
9 자연

鱼类·海洋生物 yúlèi·hǎiyáng shēngwù
어류·해양 생물 eoryu·haeyang saengmul
위레이·하이양성우

□ 清花鱼 qīnghuāyú 칭화위
고등어 godeungeo

□ 金枪鱼 jīnqiāngyú 찐치앙위
참치 chamchi

我喜欢吃放金枪鱼的泡菜汤。
Wǒ xǐhuān chī fàng jīnqiāngyú de
pàocàitāng.
워 시환 츠 팡 찐치앙위 더 파오차이탕
나는 참치가 들어간 김치찌개가 좋아.

□ 鲤鱼 lǐyú 리위 잉어 ingeo

□ 扁口鱼 biǎnkǒuyú 삐엔코우위
광어 gwangeo

□ 鲨鱼 shāyú 샤위
상어 sangeo

□ 金鱼 jīnyú 찐위 금붕어 geumbungeo
金鱼是个观赏鱼。
Jīnyú shì ge guánshǎngyú。
찐위 쓰 거 관상위
금붕어는 관상용 물고기다.

□ 鲑鱼 guīyú 꾸이위
연어 yeoneo

□ 沙丁鱼 shādīngyú 샤딩위
정어리 jeongeori

□ 鳟鱼 zūnyú 쭌위
송어 songeo

□ **鱿鱼** yóuyú 요우위
오징어 ojingeo

□ **虾** xiā 샤
새우 saeu

□ **章鱼** zhāngyú 짱위
문어 muneo

□ **龙虾** lóngxiā 롱샤
바닷가재 badatgajae

□ **螃蟹** pángxiè 팡씨에 게 ge

□ **牡蛎** mǔlì 무리 굴 gul

□ **乌龟** wūguī 우꾸이
거북 geobuk

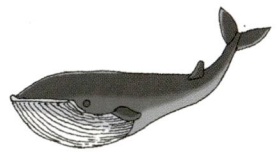
□ **鲸鱼** jīngyú 찡위 고래 gorae

1 인간

2 가정

3 수

4 도시

5 교통

6 업무

7 쇼핑

8 스포츠·취미

9 자연

관련 단어

- □ **大头鱼** dàtóuyú 따토우위 대구 daegu
- □ **鳗鱼** mányú 만위 장어 jangeo
- □ **文蛤** wéngé 원거 대합 daehap
- □ **鲍鱼** bàoyú 빠오위 전복 jeonbok
- □ **海参** hǎishēn 하이션 해삼 haesam
- □ **海星** hǎixīng 하이씽 불가사리 bulgasari
- □ **紫菜** zǐcài 즈차이 김 gim
- □ **海带** hǎidài 하이따이 다시마 dasima
- □ **鱼鳞** yúlín 위린 (물고기의) 비늘 (mulgogiui) bineul
  - □ **鳍** qí 치 지느러미 jineureomi
  - □ **尾鳍** wěiqí 웨이치 꼬리지느러미 kkori jineureomi
  - □ **腮** sāi 싸이 아가미 agami
  - □ **蹼儿** pǔr 푸-ㄹ 물갈퀴 mulgalkwi

dialogue
对话

A: 这是什么鱼?
　　Zhè shì shénme yú?
　　쩌 쓰 션머 위
　　이 물고기의 이름은 뭐예요?

B: 那是鳟鱼。
　　Nà shì zūnyú。
　　나 쓰 쭌위
　　그건 송어란다.

水果 shuǐguǒ 쉐이구어 **과일** gwail

1 인간

2 가정

3 수

4 도시

5 교통

6 업무

7 쇼핑

8 스포츠·취미

9 자연

□ 苹果 píngguǒ 핑구어
사과 sagwa

□ 西瓜 xīguā 시꽈 수박 subak
我想吃一块凉的西瓜。
Wǒ xiǎng chī yíkuài liáng de xīguā.
워 샹 츠 이콰이 량 더 시꽈
시원한 수박 한 조각 먹었으면….

□ 柠檬 níngméng 닝멍 레몬 lemon
柠檬含有很多柠檬酸。
Níngméng hányǒu hěn duō
níngméngsuān.
닝멍 한요우 헌 뚜어 닝멍쑤안
레몬에는 구연산이 많대요.

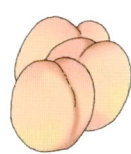

□ 桃子 táozi 타오즈
복숭아 boksunga

□ 葡萄 pútáo 푸타오
포도 podo

□ 梨子 lízi 리즈 배 bae

□ 橘子 júzi 쥐즈 귤 gyul

□ 草莓 cǎoméi 차오메이 딸기 ttalgi

□ **香蕉** xiāngjiāo 샹찌아오
바나나 banana
香蕉是很容易变味。
Xiāngjiāo shì hěn róngyì biànwèi.
샹찌아오 쓰 헌 롱이 삐엔웨이
바나나는 정말 빨리 변하는 과일이다.

□ **杏子** xìngzi 씽즈
살구 salgu

□ **柿子** shìzi 쓰즈
감 gam

□ **橙子** chéngzi 청즈
오렌지 orange

□ **波罗** bōluó 뽀루어
파인애플 pineapple

□ **核桃** hétao 허타오 호두 hodu

□ **花生** huāshēng 화셩
땅콩 ttangkong

□ **栗子** lìzi 리즈 밤 bam

1 인간

2 가정

3 수

4 도시

5 교통

6 업무

7 쇼핑

8 스포츠·취미

9 자연

관련 단어

- □ 李子 lǐzi 리즈 자두 jadu
- □ 白兰瓜 báilánguā 바이란꽈 멜론 melon
- □ 奇异果 qíyìguǒ 치이구어 키위 kiwi
- □ 芒果 mángguǒ 망구어 망고 mango
- □ 无花果 wúhuāguǒ 우화구어 무화과 muhwagwa
- □ 枣儿 zǎor 자오-ㄹ 대추 daechu
- □ 扁桃 biǎntáo 비엔타오 아몬드 almond
- □ 松子 sōngzi 쏭즈 잣 jat
- □ 葡萄干 pútáogān 푸타오깐 건포도 geonpodo

dialogue
对话

A: 李子对便秘有效。
　 Lǐzi duì biànmì yǒuxiào.
　 리즈 뚜이 삐엔미 요우쌰오
　 자두가 변비에 좋은 과일이래.

B: 是吗? 我只听过苹果有效。
　 Shìma? Wǒ zhǐ tīngguo píngguǒ yǒuxiào.
　 쓰 마 워 즈 팅구어 핑구어 요우쌰오
　 그래? 난 사과만 생각했는데.

A: 反正水果都会有效吧。
　 Fǎnzhèng shuǐguǒ dōu huì yǒuxiào ba.
　 판쩡 쉐이구어 또우 후이 요우쌰오 바
　 하긴 과일이라면 거의 다 좋겠지.

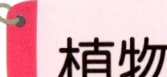
植物 zhíwù 스우 **식물** singmul

□ 叶子 yèzi 예즈 잎 ip

□ 年轮 niánlún 니엔룬 나이테 naite

□ 树枝 shùzhī 쑤쯔
나뭇가지 namutgaji

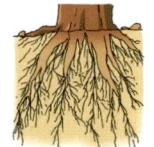
□ 树根 shùgēn 쑤껀
나무 뿌리 namu ppuri

□ 树皮 shùpí 쑤피
나무 껍질 namu kkeopjil

□ 树干 shùgàn 쑤깐
나무 줄기 namu julgi

□ 果实 guǒshí 구어스
열매 yeolmae

□ 种子 zhǒngzi 종즈 씨앗 ssiat

□ 茎 jīng 징 줄기 julgi

□ 芽 yá 야 싹, 봉오리 ssak, bongori

□ 银杏树 yínxìngshù 인씽쓔
은행나무 eunhaengnamu
秋天的银杏树真美。
Qiūtiān de yínxìngshù zhēn měi。
치우티엔 더 인씽쓔 쩐 메이
가을의 은행나무는 정말 아름답다.

□ 橡树 xiàngshù 썅쓔
떡갈나무 tteokgallamu
橡子是橡树的果实。
Xiàngzi shì xiàngshù de guǒshí。
썅즈 쓰 썅쓔 더 구어스
도토리는 떡갈나무의 열매란다.

□ 椰子树 yēzishù 예즈쓔
야자수 yajasu

□ 松树 sōngshù 쏭쓔
소나무 sonamu

관련 단어

□ 柳树 liǔshù 리우쓔 버드나무 beodeunamu

□ 竹子 zhúzi 주즈 대나무 daenamu

□ 栗树 lìshù 리쓔 밤나무 bamnamu

□ 法国梧桐 Fǎguó wútóng 파구어우퉁 플라타너스 platanus

□ 白杨 báiyáng 바이양 포플러 poplar

□ 枫树 fēngshù 펑쓔 단풍나무 danpungnamu

1 인간
2 가정
3 수
4 도시
5 교통
6 업무
7 쇼핑
8 스포츠·취미
9 자연

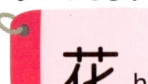

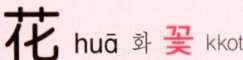
花 huā 화 꽃 kkot

□ 玫瑰 méiguì 메이꾸이
장미 jangmi

□ 向日葵 xiàngrìkuí 썅르쿠이
해바라기 haebaragi

□ 百合 bǎihé 바이허
백합 baekhap

□ 蝴蝶花 húdiéhuā 후디에화
붓꽃 butkkot

□ 满天星 mǎntiānxīng 만티엔씽
안개꽃 angaekkot

□ 紫罗兰 zǐluólán 즈루어란
제비꽃 jebikkot

□ 蒲公英 púgōngyīng 푸꽁잉
민들레 mindeulle

□ 波斯菊 bōsījú 뽀쓰쥐
코스모스 cosmos

□ 牵牛花 qiānniúhuā 치엔니우화
나팔꽃 napalkkot (= 喇叭花 lǎbahuā)

□ 兰花 lánhuā 란화 난초 nancho

□ **郁金香** yùjīnxiāng 위찐샹 튤립 tulip
一看郁金香就想起荷兰。
Yíkàn yùjīnxiāng jiù xiǎngqǐ Hélán.
이 칸 위찐샹 찌우 샹치 허란
튤립 하면 네덜란드가 생각난다.

□ **菊花** júhuā 쥐화 국화 gukhwa
菊花有好多种类。
Júhuā yǒu hǎoduō zhǒnglèi.
쥐화 요우 하오 뚜어 종레이
국화의 종류도 무척 다양하다.

□ **荷花** héhuā 허화
연꽃 yeonkkot

□ **杜鹃花** dùjuānhuā 뚜쮜엔화
진달래 jindallae

□ **仙人掌** xiānrénzhǎng 시엔런장
선인장 seoninjang

관련 단어

□ **牡丹** mǔdān 무딴 모란 moran

□ **连翘** liánqiáo 리엔치아오 개나리 gaenari (= 迎春花 yíngchūnhuā)

□ **芦苇** lúwěi 루웨이 갈대 galdae

□ **紫芒** zǐmáng 즈망 억새 eoksae

□ **杂草** zácǎo 자차오 잡초 japcho

□ **花瓣** huābàn 화빤 꽃잎 kkochip

□ **花苞** huābāo 화빠오 꽃봉오리 kkotbongori

□ **花粉** huāfěn 화펀 꽃가루 kkotgaru

□ **花词** huācí 화츠 꽃말 kkonmal

1 인간
2 가정
3 수
4 도시
5 교통
6 업무
7 쇼핑
8 스포츠·취미
9 자연

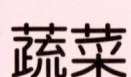

蔬菜 shūcài 쑤차이 **채소** chaeso

□ 萝卜 luóbo 루어보
무 mu

□ 黄瓜 huángguā 황꽈
오이 oi

□ 菠菜 bōcài 뽀차이 **시금치** sigeumchi
煮菠菜酱汤。
Zhǔ bōcài jiàngtāng.
주 뽀차이 지앙탕
시금치로 된장국을 끓였어.

□ 葱 cōng 총 파 pa

□ 洋葱 yángcōng 양총
양파 yangpa

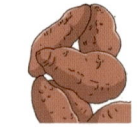

□ 红薯 hóngshǔ 홍슈
고구마 goguma

□ 蒜 suàn 쑤안
마늘 maneul

□ 大豆 dàdòu 따또우
콩 kong

□ 胡萝卜 húluóbo 후루어보 당근 danggeun
马爱吃胡萝卜, 知道吗?
Mǎ àichī húluóbo, zhīdào ma?
마 아이츠 후루어보 쯔다오 마
말이 당근 좋아하는 거 알지?

□ 土豆 tǔdòu 투또우
감자 gamja

□ **洋生菜** yángshēngcài 양성차이
양상추 yangsangchu

□ **南瓜** nánguā 난꽈
호박 hobak

□ **青椒** qīngjiāo 칭찌아오
피망 pimang

□ **蘑菇** mógū 모구
버섯 beoseot

□ **西红柿** xīhóngshì 시훙쓰 토마토 tomato
西红柿是蔬菜还是水果？那是不重要的。
Xīhóngshì shì shūcài háishì shuǐguǒ? Nà shì
búzhòngyào de。
시훙쓰 쓰 슈차이 하이쓰 쉐이구어 나 쓰 부 쭝야오 더
토마토가 채소인가 과일인가는 중요하지 않아.

□ **辣椒** làjiāo 라찌아오
고추 gochu
小小的辣椒真辣。
Xiǎoxiǎode làjiāo zhēn là。
샤오샤오 더 라찌아오 쩐 라
작은 고추가 정말 맵네.

관련 단어

□ **白菜** báicài 바이차이 배추 baechu

□ **生菜** shēngcài 성차이 상추 sangchu

□ **西蓝花** xīlánhuā 시란화 브로콜리 broccoli

□ **茄子** qiézi 치에즈 가지 gaji

□ **莲藕** liánǒu 리엔오우 연근 yeongeun

□ **生姜** shēngjiāng 성찌앙 생강 saenggang

□ **豆芽菜** dòuyácài 또우야차이 콩나물 kongnamul

1 인간
2 가정
3 수
4 도시
5 교통
6 업무
7 쇼핑
8 스포츠 취미
9 자연

风景 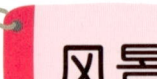 fēngjǐng 평징 **풍경** punggyeong

□ 湖 hú 후
호수 hosu

□ 瀑布 pùbù 푸뿌
폭포 pokpo

□ 溪谷 xīgǔ 씨구
계곡 gyegok

□ 高原 gāoyuán 까오위엔
고원 gowon

□ 丘陵 qiūlíng 치우링
언덕, 구릉 eondeok, gureung

□ 洞窟 dòngkū 똥쿠
동굴 donggul

□ 河 hé 허
강 gang

□ 小沟 xiǎogōu 샤오꼬우
개울 gaeul

□ 绝壁 juébì 쥐에삐
절벽 jeolbyeok

□ 山坡 shānpō 샨포
(산)비탈 (san)bital

□ 树林 shùlín 쑤린
숲 sup

□ 草原 cǎoyuán 차오위엔
초원 chowon

□ 山 shān 샨
산 san

□ 火山 huǒshān 후어샨
화산 hwasan

□ 岩 yán 옌
바위 bawi

관련 단어

□ 沙漠 shāmò 샤모 사막 samak

□ 沙滩 shātān 샤탄 백사장 baeksajang

□ 盆地 péndì 펀띠 분지 bunji

□ 地平线 dìpíngxiàn 띠핑씨엔 지평선 jipyeongseon

□ 水平线 shuǐpíngxiàn 쉐이핑씨엔 수평선 supyeongseon

□ 东南西北 dōng nán xī běi 똥난시베이 동서남북 dongseonambuk
(중국에서는 '동남서북'이라고 함)

□ 北 běi 베이
북 book

□ 西 xī 시
서 seo

□ 东 dōng 똥
동 dong

□ 南 nán 난
남 nam

1 인간
2 가정
3 수
4 도시
5 교통
6 업무
7 쇼핑
8 스포츠·취미
9 자연

天气 tiānqì 티엔치 **날씨** nalssi

☐ 晴天 qíngtiān 칭티엔
맑은 날 malgeun nal

☐ 云 yún 윈
구름 gureum

☐ 风 fēng 펑
바람 baram

☐ 雨 yǔ 위 비 bi

☐ 洪水 hóngshuǐ 홍쉐이
홍수 hongsu

☐ 雪 xuě 쉬에
눈 nun

☐ 彩虹 cǎihóng 차이훙
무지개 mujigae

☐ 闪电 shǎndiàn 샨띠엔
번개 beongae

☐ 雾 wù 우
안개 angae

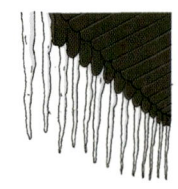

☐ 冰柱 bīngzhù 삥쭈
고드름 godeureum

1 인간

2 가정

3 수

4 도시

5 교통

6 업무

7 쇼핑

8 스포츠·취미

9 자연

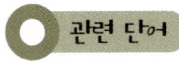

관련 단어

- □ 天空 tiānkōng 티엔콩 하늘 haneul
- □ 雨雪 yǔxuě 위쉬에 진눈깨비 jinnunkkaebi
- □ 冰雹 bīngbáo 삥바오 우박 ubak
- □ 骤雨 zhòuyǔ 쪼우위 소나기 sonagi
- □ 霜 shuāng 슈앙 서리 seori
- □ 冰 bīng 삥 얼음 eoreum
- □ 暴风雨 bàofēngyǔ 빠오펑위 폭풍우 pokpungu
- □ 雷 léi 레이 천둥 cheondung
- □ 干旱 gānhàn 깐한 가뭄 gamum
- □ 阴天 yīntiān 인티엔 흐린 날 heurin nal
- □ 刮风 guā fēng 꽈펑 바람이 불다 barami bulda
- □ 多云 duōyún 뚜오윈 구름이 많다 gureumi manta
- □ 下雾 xià wù 싸아우 안개가 끼다 angaega kkida
- □ 下雨 xià yǔ 싸아위 비가 내리다 biga naeri
- □ 下雪 xià xuě 싸아쉬에 눈이 내리다 nuni naerida
- □ 潮湿 cháoshī 차오스 습하다 seupada
- □ 干燥 gānzào 깐짜오 건조하다 geonjohada

dialogue
对话

A: 这湖水附近总是有烟雾。
　　Zhè húshuǐ fùjìn zǒngshì yǒu yānwù.
　　쩌 후쉐이 푸찐 쫑쓰 요우 옌우
　　이 호수 주변은 항상 안개가 끼어 있네.

B: 难怪每次过这儿阴森森的。
　　Nánguài měicì guò zhèr yīnsēnsēn de.
　　난꽈이 메이츠 꾸어 쩔 인썬썬 더
　　그래서 그런지 여기를 지나려면 좀 으스스하더라.

255

物质 wùzhì 우쯔 **물질** muljil

□ 金属 jīnshǔ 찐슈
금속 geumsok

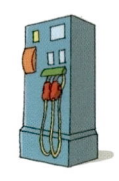
□ 油 yóu 요우
기름 gireum

□ 煤炭 méitàn 메이탄
석탄 seoktan

□ 土壤 tǔrǎng 투랑 토양 toyang
土壤渐渐被污染了。
Tǔrǎng jiànjiàn bèi wūrǎn le.
투랑 찌엔지엔 뻬이 우란 러
토양은 점점 오염되고 있다.

□ 电 diàn 띠엔 전기 jeongi
如果电没有被发明的话?
Rúguǒ diàn méiyǒu bèi fāmíng de huà?
루구어 띠엔 메이요우 뻬이 파밍 더 화
전기가 발명되지 않았더라면….

□ 液体 yètǐ 예티
액체 aekche

□ 气体 qìtǐ 치티 기체 giche

□ 固体 gùtǐ 꾸티 고체 goche

□ **火** huǒ 후어
불 bul

□ **光** guāng 꽝
빛 bit

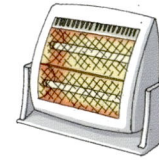

□ **热** rè 러
열 yeol

□ **烟** yān 옌 연기 yeongi

工厂烟囱的烟是近代化的象征。
Gōngchǎng yāncōng de yān shì jìndàihuà de xiàngzhèng。
꽁창 옌총 더 옌 쓰 찐따이화 더 샹쩡
한때 공장 굴뚝의 연기는 근대화의 상징이었지.

□ **水** shuǐ 쉐이 물 mul

这里的自来水能直接喝吗?
Zhèlǐ de zìláishuǐ néng zhíjiē hē ma?
쩌리 더 쯔라이쉐이 넝 즈지에 허 마
수돗물을 그냥 먹어도 되나요?

관련 단어

□ **金** jīn 찐 금 geum

□ **银** yín 인 은 eum

□ **铜** tóng 퉁 동 dong

□ **铁** tiě 티에 철 cheol

□ **蒸气** zhēngqì 쩡치 증기 jeunggi

□ **声音** shēngyīn 성인 소리 sori

□ **力量** lìliang 리량 힘 him

1 인간
2 가정
3 수
4 도시
5 교통
6 업무
7 쇼핑
8 스포츠·취미
9 자연

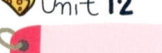

颜色 yánsè 옌써 색 saek

□ 黑色 hēisè 헤이써
검은색 geomeunsaek

□ 灰色 huīsè 후이써
회색 hoesaek

□ 白色 báisè 바이써
흰색 huinsaek

□ 蓝色 lánsè 란써
파란색 paransaek

□ 红色 hóngsè 홍써
빨간색 ppalgansaek

□ 黄色 huángsè 황써
노란색 noransaek

□ 绿色 lǜsè 뤼써
녹색 noksaek

□ 褐色 hèsè 허써
갈색 galsaek

□ 紫色 zǐsè 즈써
보라색 borasaek

□ **粉红色** fěnhóngsè 편홍써
분홍색 bunhongsaek

□ **朱黄色** zhūhuángsè 쭈황써
주황색 juhwangsaek

□ **藏青色** zàngqīngsè 짱칭써
짙은 청색, 감색 jichin cheongsaek, gamsaek

□ **米色** mǐsè 미써 상아색 sangasaek

□ **驼色** tuósè 투어써 베이지색 beijisaek
那边穿驼色裤子的女人怎么样?
Nàbiān chuān tuósè de nǚrén zěnmeyàng?
나삐엔 추안 투어써 쿠즈 더 뉘런 쩐머양
베이지색 바지 입은 저 여자 어때?

□ **银色** yínsè 인써 은색 eunsaek
那银色的建筑是新的。
Nà yínsè de jiànzhù shì xīnde.
나 인써 더 찌엔쭈 쓰 신 더
저 은색 건물 새로 지었구나.

dialogue
对话

A: 你喜欢什么颜色?
Nǐ xǐhuān shénme yánsè?
니 시환 션머 옌써
무슨 색을 좋아하세요?

B: 我喜欢紫色和蓝色。
Wǒ xǐhuān zǐsè hé lánsè.
워 시환 즈써 허 란써
보라색이랑 파란색을 좋아해요.

1 인간
2 가정
3 수
4 도시
5 교통
6 업무
7 쇼핑
8 스포츠·취미
9 자연

259

Unit 13

宇宙 yǔzhòu 위쪼우 **우주** uju

□ 行星 xíngxīng 싱씽
행성, 혹성 haengseong, hokseong (= 惑星 huòxīng)

□ 太阳 tàiyáng 타이양
해, 태양 hae, taeyang

□ 月亮 yuèliàng 위에량
달 dal

□ 星 xīng 씽
별 byeol

□ 流星 liúxīng 리우씽
유성 yuseong

□ 地球 dìqiú 띠치우 지구 jigu
地球的未来会怎么样呢?
Dìqiú de wèilái huì zěnmeyàng ne?
띠치우 더 웨이라이 후이 쩐머양 너
지구의 미래는 어떻게 될까?

□ 新月 xīnyuè 씬위에
초승달 choseungdal

□ 半月 bànyuè 빤위에
반달 bandal

□ 满月 mǎnyuè 만위에
보름달 boreumdal

1 인간

2 가정

3 수

4 도시

5 교통

6 업무

7 쇼핑

8 스포츠·취미

9 자연

관련 단어

- □ 银河系 yínhéxì 인허씨 은하계 eunhagye
- □ 太阳系 tàiyángxì 타이양씨 태양계 taeyanggye
- □ 金星 jīnxīng 찐씽 금성 geumseong
- □ 火星 huǒxīng 후어씽 화성 hwaseong
- □ 彗星 huìxīng 후이씽 혜성 hyeseong
- □ 卫星 wèixīng 웨이씽 위성 wiseong
- □ 日食 rìshí 르스 일식 ilsik
- □ 月蚀 yuèshí 위에스 월식 gwolsik
- □ 科技 kējì 커찌 과학 기술 gwahak gisul
- □ 太空人 tàikōngrén 타이콩런 우주 비행사 uju bihaengsa
- □ 航天飞机 hángtiān fēijī 항티엔페이찌 우주 왕복선 uju wangbokseon
- □ 飞碟 fēidié 페이띠에 미확인 비행 물체, UFO mihwagin bihaeng mulche, UFO

dialogue
对话

A: 你觉得飞碟存在吗?
   Nǐ juéde fēidié cúnzài ma?
   니 쥐에더 페이디에 춘짜이 마
   정말 UFO가 있을까? 넌 어떻게 생각해?

B: 不知道。
   Bù zhīdào。
   뿌 쯔다오
   글쎄, 있을 것 같기도 하고…. 잘 모르겠어.

A: 我相信飞碟。也有各种各样的证据。
   Wǒ xiāngxìn fēidié。yěyǒu gèzhǒnggèyàng de zhèngjù。
   워 샹씬 페이디에 예 요우 꺼종꺼양 더 쩡쮜
   난 있을 거 같아. 여러 가지 증거들도 있잖아.

地球 dìqiú 띠치우 **지구** jigu

□ **陆地** lùdì 루띠
육지 yukji

□ **大洋** dàyáng 따양
대양 daeyang

□ **海** hǎi 하이
바다 bada

□ **大陆** dàlù 따루
대륙 daeryuk

□ **岛** dǎo 다오 섬 seom

□ **山脉** shānmài 샨마이
산맥 sanmaek

□ **湾** wān 완 만 man

□ **半岛** bàndǎo 빤다오
반도 bando

□ **北极** běijí 베이지
북극 bukgeuk

□ **南极** nánjí 난지
남극 namgeuk

□ 纬度 wěidù 웨이뚜
위도 wido

□ 经度 jīngdù 찡뚜
경도 gyeongdo

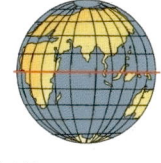

□ 赤道 chìdào 츠따오
적도 jeokdo

□ 沙漠 shāmò 샤모
사막 samak

□ 大气 dàqì 따치
대기 daegi

□ 海峡 hǎixiá 하이샤
해협 haehyeop

dialogue
对话

A: 最近世界到处发生自然灾害。这是很严重的问题。
Zuìjìn shìjiè dàochù fāshēng zìránzāihài. Zhè shì hěn yánzhòngde wèntí.
쭈이찐 쓰지에 따오추 파셩 쯔란짜이하이 쪄 쓰 헌 옌쭝 더 원티
최근 지구 곳곳에서 천재지변이 발생하잖아. 심각한 일이야.

B: 对。异常气候, 洪水, 地震, 火山爆发等等。。十分可怕。
Duì. Yìchángqìhòu, hóngshuǐ, dìzhèn, huǒshānbàofā děngděng. Shífēn kěpà.
뚜이 이창치호우 훙쉐이 띠쪈 후어샨빠오파 덩덩 스펀 커파
그러게 말이야. 이상 기온, 홍수, 지진, 화산 폭발…, 정말 무섭지.

A: 真担心地球的未来。
Zhēn dānxīn dìqiú de wèilái.
쪈 딴신 띠치우 더 웨이라이
정말 지구의 미래가 걱정된다.

1 인간
2 가정
3 수
4 도시
5 교통
6 업무
7 쇼핑
8 스포츠·취미
9 자연

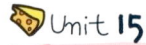

位置·方向 wèizhì·fāngxiàng 웨이쯔·팡샹
위치·방향 witch·banghyang

□ **里面** lǐmiàn 리미엔 안 an
她在家里面送丈夫。
Tā zài jiā lǐmiàn sòng zhàngfu。
타 자이 찌아 리미엔 쏭 짱푸
그녀는 집 안에서 남편을 배웅했다.

□ **外面** wàimiàn 와이미엔 밖 bak

□ **中间** zhōngjiān 쭝찌엔
가운데 gaunde
箭射在了靶的中间。
Jiǎn shèzài le bǎ de zhōngjiān。
지엔 써 짜이 러 빠 더 쭝찌엔
화살이 과녁 가운데 맞았다.

□ **左边** zuǒbian 주어삐엔 ⟷ □ **右边** yòubian 요우삐엔
왼쪽 oenjjok　　　　　　　　　오른쪽 oreunjjok

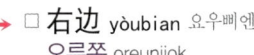

□ **旁边** pángbiān 팡삐엔
옆 yeop
小狗在狗窝旁边睡觉。
Xiǎogǒu zài gǒuwō pángbiān
shuì jiào。
샤오고우 짜이 고우워 팡삐엔 쉐이찌아오
개집 옆에서 개가 자고 있다.

□ **前面** qiánmiàn 치엔미엔 앞 ap ⟷
□ **后面** hòumiàn 호우미엔 뒤 dwi

1 인간
2 가정
3 수
4 도시
5 교통
6 업무
7 쇼핑
8 스포츠·취미

□ **从家到站** cóng jiā dào zhàn 총찌아따오짠
집에서부터 역까지 jibeseobuteo yeokkkaji

□ **上面** shàngmian 쌍미엔
위 wi

□ **对面** duìmiàn 뚜이미엔
건너편 geonneopyeon

□ **下面** xiàmiàn 쌰미엔 아래 arae

□ **之间** zhījiān 쯔찌엔
사이 sai

관련 단어

□ **近** jìn 찐 가깝다 gakkapda ⟷ **远** yuǎn 위엔 멀다 meolda

□ **向上** xiàngshàng 쌍쌍 위로 wiro ⟷ **向下** xiàngxià 쌍쌰 아래로 araero

□ **北边** běibiān 베이삐엔 북쪽 bukjjok ⟷ **南边** nánbiān 난삐엔 남쪽 namjjok

□ **东边** dōngbiān 뚱삐엔 동쪽 dongjjok ⟷ **西边** xībiān 시삐엔 서쪽 seojjok

□ **这里** zhèlǐ 쩌리 여기 gyeogi ➜ **那里** nàli 나리 저기, 거기 jeogi, geogi
➜ **哪里** nǎli 나리 어디 eodi

□ **一直走** yīzhí zǒu 이즈조우 똑바로 가다 ttokbaro gada

□ **往左拐** wǎng zuǒ guǎi 왕주어꽈이 왼쪽으로 돌다 oenjjogeuro dolda

反义词 fǎnyìcí 판이츠 **반대말** bandaemal

□ **大** dà 따 크다 keuda ↔ □ **小** xiǎo 샤오 작다 jakda

□ **高** gāo 까오 높다 nopda ↔ □ **低** dī 띠 낮다 natda

□ **亮** liàng 량 밝다 bakda ↔ □ **暗** àn 안 어둡다 eodupda

□ **新** xīn 신 새롭다 saeropda ↔ □ **旧** jiù 찌우 낡다 nakda

旧的不去, 新的不来。

Jiùde búqù, xīnde bùlái.

찌우더 부취 신더 뿌라이

낡은 것이 가지 않으면 새로운 것이 오지 않는다.

□ **轻** qīng 칭 가볍다 gabyeopda ⟷ □ **重** zhòng 쭝 무겁다 mugeopda

□ **宽** kuān 콴 넓다 neolda ⟷ □ **窄** zhǎi 자이 좁다 jopda

□ **快** kuài 콰이 빠르다 ppareuda ⟷ □ **慢** màn 만 느리다 neurida

不管快慢，只做得了就好了。
Bùguǎn kuàimàn, zhǐ zuòdeliǎo jiù hǎo le.
뿌관 콰이만 즈 쭈어더리아오 찌우 하오 러
좀 느리든 빠르든(속도에 상관없이) 해내기만 하면 된다.

□ **好** hǎo 하오 좋다 jota ⟷ □ **坏** huài 화이 나쁘다 nappeuda

1 인간
2 가정
3 수
4 도시
5 교통
6 업무
7 쇼핑
8 스포츠·취미
9 자연

□ 漂亮 piàoliang 피아오량 아름답다 areumdapda ⟷ □ 丑 chǒu 초우 추하다 chuhada
地球本来很漂亮，可是因为环境污染最近变得很丑。
Dìqiú běnlái hěn piàoliang, kěshì yīnwèi huánjìngwūrǎn zuìjìn biànde hěn chǒu.
띠치우 번라이 헌 피아오량 커쓰 인웨이 환찡우란 쮀이쩐 삐엔더 헌 초우
지구는 본래 무척 아름다웠지만, 환경오염 때문에 추해졌어.

□ 紧 jǐn 진 팽팽하다, 꽉 조이다 ⟷ □ 松 sōng 쏭 느슨하다 neuseunhada
paengpaenghada, kkwak joida

□ 锐利 ruìlì 루이리 ⟷ □ 钝 dùn 뚠
예리하다 yerihada 무디다, 둔하다 mudida, dunhada

□ 干净 gānjìng 깐찡 깨끗하다 kkaekkeutada ⟷ □ 脏 zāng 짱 더럽다 deoreopda

□ **开** kāi 카이 **열다** yeolda ←→ □ **关** guān 꽌 **닫다** datda

你为什么把窗户开着? 快关上吧。

Nǐ wèishénme bǎ chuānghu kāizhe? Kuài guānshàng ba。

니 웨이션머 바 추앙후 카이저 콰이 꽌썅 바

창문을 왜 열어두었니? 얼른 닫아.

□ **干** gān 깐 ←→ □ **湿** shī 쓰

마르다, 건조하다 mareuda, geonjohada   젖다, 습하다 jeotda, seupada

□ **满** mǎn 만 **가득 차다** gadeuk chada ←→ □ **空** kōng 콩 **텅 비다** teong bida

□ **白天** báitiān 바이티엔 **낮** nat ←→ □ **晚上** wǎnshàng 완썅 **밤** bam

今天是秋分。白天和晚上一样长。

Jīntiān shì qiūfēn。Báitiān hé wǎnshàng yíyàng cháng。

찐티엔 쓰 치우펀 바이티엔 허 완썅 이양 창

오늘은 밤과 낮의 길이가 같은 추분이야.

1 인간
2 가정
3 수
4 도시
5 교통
6 업무
7 쇼핑
8 스포츠·취미
9 지연

□ **勤** qín 친 부지런하다 bujireonhada ⟷ □ **懒** lǎn 란 게으르다 geeureuda

□ **攻击** gōngjī 꽁지   ⟷   □ **防御** fángyù 팡위
공격하다 gonggyeokhada   방어하다 bangeohada

他都有攻击用的矛和防御用的盾牌。

Tā dōu yǒu gōngjīyòngde máo hé fángyùyòng de dùnpái。

타 또우 요우 꽁지용 더 마오 허 팡위용 더 뚠파이

그는 공격하는 창과 방어하는 방패를 둘 다 가진 사람이다.

□ **富裕** fùyù 푸위 ⟷ □ **贫穷** pínqióng 핀치옹
부유하다 buyuhada   가난하다 gananhada

□ **已婚** yǐhūn 이훈 ⟷ □ **未婚** wèihūn 웨이훈
결혼한 gyeolhonhan   미혼의 mihonui

1 인간

2 가정

3 수

4 도시

5 교통

6 업무

7 쇼핑

8 스포츠·취미

9 지역

관련 단어

□ 高 gāo 까오 키가 크다 kiga keuda ↔ □ 矮 ǎi 아이 키가 작다 kiga jak

□ 多 duō 뚜어 많다 manta ↔ □ 少 shǎo 샤오 적다 jeokda

□ 强 qiáng 치앙 강하다 ganghada ↔ □ 弱 ruò 루어 약하다 yakhada

□ 冷 lěng 렁 춥다 chupda ↔ 热 rè 러 덥다 deopda

□ 胖 pàng 팡 뚱뚱하다 ttungttunghada
    ↔ □ 瘦 shòu 쑈우 여위다, 마르다 yeowida, mareuda

□ 幸福 xìngfú 씽푸 행복하다 haengbokhada
    ↔ □ 痛苦 tòngkǔ 통쿠 괴롭다 goeropda

□ 喜欢 xǐhuan 시환 좋아하다 joahada
    ↔ □ 讨厌 tǎoyàn 타오옌 싫어하다 sireohada

□ 华丽 huálì 화리 화려하다 hwaryeohada
    ↔ □ 朴素 pǔsù 푸쑤 소박하다 sobakhada

□ 开始 kāishǐ 카이스 시작하다 sijakhada
    ↔ □ 结束 jiéshù 지에쑤 끝나다 kkeunnada

□ 有名 yǒumíng 요우밍 유명하다 yumyeonghada
    ↔ □ 无名 wúmíng 우밍 무명의 mumyeongui

dialogue
对话

A: 那个人太胖了。有什么原因呢?
Nàgerén tài pàng le。yǒu shénme yuányīn ne?
나거런 타이 팡 러 요우 션머 위엔인 너
저 사람 너무 뚱뚱하다. 왜 저렇게 살이 많이 쪘을까?

B: 医生说,肥胖也是一种病。
Yīshēng shuō, féipàng yěshì yìzhǒng bìng。
이셩 슈어 페이팡 예 쓰 이종 삥
의사가 하는 말이, 비만도 병이래.

271

나라 이름·수도 이름 및 인구

아시아 亞洲 Yàzhōu

□ 네팔 尼泊尔 Níbó'ěr 니보얼		2,474만
□ 카트만두 加德满都 Jiādémǎndū 찌아더만뚜		
□ 대만 台湾 Táiwān 타이완		2,268만
□ 타이베이 台北 Táiběi 타이베이		
□ 라오스 老挝 Lǎowō 라오워		560만
□ 비엔티안 万象 Wànxiàng 완썅		
□ 레바논 黎巴嫩 Líbānèn 리빠넌		440만
□ 베이루트 贝鲁特 Bèilǔtè 뻬이루터		
□ 말레이시아 马来西亚 Mǎláixīyà 마라이시야		2,500만
□ 쿠알라룸푸르 吉隆坡 Jílóngpō 지롱포		
□ 몽골 蒙古 Ménggǔ 멍구		250만
□ 울란바토르 乌兰巴托 Wūlánbātuō 우란빠투어		
□ 미얀마 缅甸 Miǎndiàn 미엔띠엔		5,217만
□ 네피도 内比都 Nèibǐdōu 네이비또우		
□ 방글라데시 孟加拉国 Mèngjiālāguó 멍찌아라구어		1억3,810만
□ 다카 达卡 Dákǎ 다카		
□ 베트남 越南 Yuènán 위에난		8,206만
□ 하노이 河内 Hénèi 허네이		
□ 북한 朝鲜 Cháoxiān 차오시엔		2,250만
□ 평양 平壤 Píngrǎng 핑랑		

1 인간

2 가정

3 수

4 도시

5 교통

6 업무

7 쇼핑

8 스포츠·취미

9 지역

□ 사우디아라비아 沙特阿拉伯 Shātè'ālābó 샤터아라보　　2,400만
　□ 리야드 利雅得 Lìyǎdé 리야더

□ 스리랑카 斯里兰卡 Sīlǐlánkǎ 쓰리란카　　1,990만
　□ 콜롬보 科伦坡 Kēlúnpō 커룬포

□ 시리아 叙利亚 Xùlìyà 쉬리야　　1,820만
　□ 다마스쿠스 大马士革 Dàmǎshìgé 따마쓰거

□ 싱가포르 新加坡 Xīnjiāpō 씬찌아포　　420만
　□ 싱가포르 新加坡 Xīnjiāpō 씬찌아포

□ 아프가니스탄 阿富汗 Āfùhàn 아푸한　　2,510만
　□ 카불 喀布尔 Kābù'ěr 카뿌얼

□ 예멘 也门 Yěmén 예먼　　1,970만
　□ 사나 萨那 Sànà 싸나

□ 우즈베키스탄 乌兹别克斯坦 Wūzībiékèsītǎn 우쯔비에커쓰탄　　2,560만
　□ 타슈켄트 塔什干 Tǎshígān 타스깐

□ 이라크 伊拉克 Yīlākè 이라커　　2000만
　□ 바그다드 巴格达 Bāgédá 빠거다

□ 이란 伊朗 Yīlǎng 이랑　　6,800만
　□ 테헤란 德黑兰 Déhēilán 더헤이란

□ 이스라엘 以色列 Yǐsèliè 이써리에　　688만
　□ 예루살렘 耶路撒冷 Yēlùsālěng 예루사렁

□ 인도 印度 Yìndù 인뚜　　10억2,700만
　□ 뉴델리 新德里 Xīndélǐ 씬더리

□ 인도네시아 印度尼西亚 Yìndùníxīyà 인뚜니시야　　2억1천만
　□ 자카르타 雅加达 Yǎjiādá 야찌아다

273

□ 일본 日本 Rìběn 르번
　□ 도쿄 东京 Dōngjīng 똥찡
1억2천만

□ 중국 中国 Zhōngguó 쭝구어
　□ 베이징 北京 Běijīng 베이찡
12억9천만

□ 카자흐스탄 哈萨克斯坦 Hāsàkèsītǎn 하싸커쓰탄
　□ 아스타나 阿斯坦纳 Āsītǎnnà 아쓰탄나
1,490만

□ 캄보디아 柬埔寨 Jiǎnpǔzhài 지엔푸짜이
　□ 프놈펜 金边 Jīnbiān 찐삐엔
1,300만

□ 태국 泰国 Tàiguó 타이구어
　□ 방콕 曼谷 Màngǔ 만구
6,197만

□ 터키 土耳其 Tǔ'ěrqí 투얼치
　□ 앙카라 安卡拉 Ānkǎlā 안카라
6,700만

□ 파키스탄 巴基斯坦 Bājīsītǎn 빠찌쓰탄
　□ 이슬라마바드 伊斯兰堡 Yīsīlánbǎo 이쓰란바오
1억4,872만

□ 필리핀 菲律宾 Fēilǜbīn 페이뤼삔
　□ 마닐라 马尼拉 Mǎnílā 마니라
8,150만

□ 한국 韩国 Hánguó 한구어
　□ 서울 首尔 Shǒu'ěr 쇼우얼
4,850만

유럽 欧洲 Ōuzhōu

□ 그리스 希腊 Xīlà 시라
　□ 아테네 雅典 Yǎdiǎn 야디엔
1,094만

1 인간

2 가정

3 수

4 도시

5 교통

6 업무

7 쇼핑

8 스포츠·취미

9 지역

□ 네덜란드 荷兰 Hélán 허란

□ 암스테르담 阿姆斯特丹 Āmǔsītèdān 아무쓰터딴

1,620만

□ 노르웨이 挪威 Nuówēi 누어웨이

□ 오슬로 奥斯陆 Àosīlù 아오쓰루

457만

□ 덴마크 丹麦 Dānmài 딴마이

□ 코펜하겐 哥本哈根 Gēběnhāgēn 꺼번하건

540만

□ 독일 德国 Déguó 더구어

□ 베를린 柏林 Bólín 뽀린

8,250만

□ 러시아 俄罗斯 Éluósī 어루어쓰

□ 모스크바 莫斯科 Mòsīkē 모씨꺼

1억4,350만

□ 루마니아 罗马尼亚 Luómǎníyà 루어마니야

□ 부쿠레슈티 布加勒斯特 Bùjiālèsìtè 뿌찌아러쓰터

2,190만

□ 룩셈부르크 卢森堡 Lúsēnbǎo 루어썬바오

□ 룩셈부르크 卢森堡 Lúsēnbǎo 루어썬바오

45만

□ 벨기에 比利时 Bǐlìshí 비리스

□ 브뤼셀 布鲁塞尔 Bùlǔsài'ěr 뿌루싸이얼

1,030만

□ 스웨덴 瑞典 Ruìdiǎn 루이디엔

□ 스톡홀름 斯德哥尔摩 Sīdégē'ěrmó 쓰더꺼얼모

901만

□ 스위스 瑞士 Ruìshì 루이쓰

□ 베른 伯尔尼 Bó'ěrní 보얼니

739만

□ 스페인 西班牙 Xībānyá 씨빤야

□ 마드리드 马德里 Mǎdélǐ 마더리

4,269만

□ 아일랜드 爱尔兰 Ài'ěrlán 아이얼란

□ 더블린 都柏林 Dōubólín 또우보린

392만

275

□ 영국 英国 Yīngguó 잉구어   5,923만
  □ 런던 伦敦 Lúndūn 룬뚠

□ 오스트리아 奥地利 Àodìlì 아오띠리   810만
  □ 빈 维也纳 Wéiyěnà 웨이예나

□ 우크라이나 乌克兰 Wūkèlán 우커란   4,660만
  □ 키예프 基辅 Jīfǔ 찌푸

□ 이탈리아 意大利 Yìdàlì 이따리   5,700만
  □ 로마 罗马 Luómǎ 루어마

□ 체코 捷克 Jiékè 지에커   1,000만
  □ 프라하 布拉格 Bùlāgé 뿌라거

□ 포르투갈 葡萄牙 Pútáoyá 푸타오야   1,053만
  □ 리스본 里斯本 Lǐsīběn 리쓰번

□ 폴란드 波兰 Bōlán 뽀란   3,830만
  □ 바르샤바 华沙 Huáshā 화샤

□ 프랑스 法国 Fǎguó 파구어   6,168만
  □ 파리 巴黎 Bālí 빠리

□ 핀란드 芬兰 Fēnlán 펀란   524만
  □ 헬싱키 赫尔辛基 Hè'ěrxīnjī 허얼씬찌

□ 헝가리 匈牙利 Xiōngyálì 시옹야리   1,009만
  □ 부다페스트 布达佩斯 Bùdápèisī 뿌다페이쓰

아프리카 非洲 Fēizhōu

□ 가나 加纳 Jiānà 찌아나
　□ 아크라 阿克拉 Ākèlā 아커라　　2,090만

□ 나이지리아 尼日利亚 Nírìlìyà 니르리야
　□ 아부자 阿布贾 Ābùjiǎ 아뿌지아　　1억3500만

□ 남아프리카공화국 南非共和国 Nánfēi gònghéguó 난페이꽁허구어
　□ 프리토리아 比勒陀利亚 Bǐlètuólìyà 비러투어리야　　4,483만

□ 모로코 摩洛哥 Móluògē 모루어꺼
　□ 라바트 拉巴特 Lābātè 라빠터　　3,008만

□ 수단 苏丹 Sūdān 쑤딴
　□ 하르툼 喀土穆 Kātǔmù 카투무　　3,361만

□ 알제리 阿尔及利亚 Ā'ěrjílìyà 아얼지리야
　□ 알제 阿尔及尔 Ā'ěrjí'ěr 아얼지얼　　3,180만

□ 에티오피아 埃塞俄比亚 Āisài'ébǐyà 아이싸이어비야
　□ 아디스아바바 亚的斯亚贝巴 Yàdìsīyàbèibā 야띠쓰야뻬이빠　　7,000만

□ 우간다 乌干达 Wūgāndá 우깐다
　□ 캄팔라 坎帕拉 Kǎnpàlā 칸파라　　2,590만

□ 이집트 埃及 Āijí 아이지
　□ 카이로 开罗 Kāiluo 카이루어　　6,920만

□ 케냐 肯尼亚 Kěnníyà 컨니야
　□ 나이로비 内罗毕 Nèiluōbì 네이루어삐　　3,240만

□ 탄자니아 坦桑尼亚 Tǎnsāngníyà 탄쌍니야
　□ 도도마 多多马 duōduōmǎ 도도마　　3,520만

오세아니아 澳洲 Àozhōu

□ 뉴질랜드 新西兰 Xīnxīlán 씬씨란
　□ 웰링턴 惠灵顿 Huìlíngdùn 후이링뚠　　　403만

□ 호주 澳大利亚 Àodàlìyà 아오따리야
　□ 캔버라 堪培拉 Kānpéilā 칸페이라　　　1,900만

아메리카 美洲 Měizhōu

□ 멕시코 墨西哥 Mòxīgē 모씨꺼
　□ 멕시코시티 墨西哥城 Mòxīgēchéng 모씨꺼청　　1억350만

□ 미국 美国 Měiguó 메이구어
　□ 워싱턴 华盛顿 Huáshèngdùn 화성뚠　　　3억1백만

□ 베네수엘라 委内瑞拉 Wěinèiruìlā 웨이네이루이라
　□ 카라카스 加拉加斯 Jiālājiāsī 찌아라찌아쓰　　2,500만

□ 브라질 巴西 Bāxī 빠시
　□ 브라질리아 巴西利亚 Bāxīlìyà 빠씨리야　　1억8천만

□ 아르헨티나 阿根廷 Āgēntíng 아껀팅
　□ 부에노스아이레스 布宜诺斯艾利斯 Bùyínuòsī'àilìsī 뿌이누어쓰아이리쓰　　3,810만

□ 칠레 智利 Zhìlì 쯔리
　□ 산티아고 圣地亚哥 Shèngdìyàgē 성띠야꺼　　1,596만

□ 캐나다 加拿大 Jiānádà 찌아나따
　□ 오타와 渥太华 Wòtàihuá 워타이화　　3,000만

1 인간

2 가정

3 수

4 도시

5 교통

6 업무

7 쇼핑

8 스포츠·취미

9 자연

□ 콜롬비아 哥伦比亚 Gēlúnbǐyà 꺼룬비야
□ 보고타 波哥大 Bōgēdà 뽀꺼따   4,400만

□ 쿠바 古巴 Gǔbā 구빠
□ 아바나 哈瓦那 Hāwǎnà 하와나   1,100만

□ 페루 秘鲁 Bìlǔ 삐루
□ 리마 利马 Lìmǎ 리마   2,700만

관련 단어

□ 世界 shìjiè 쓰찌에 세계 segye

□ 国家 guójiā 구어찌아 나라, 국가 nara, gukga

□ 国民 guómín 구어민 국민 gungmin

□ 人口 rénkǒu 런코우 인구 ingu

□ 首都 shǒudū 쇼우뚜 수도 sudo

□ 城市 chéngshì 청쓰 도시 dosi

□ 村子 cūnzi 춘즈 마을 maeul

□ 故乡 gùxiāng 꾸샹 고향 gohyang

□ 文化 wénhuà 원화 문화 munhwa

□ 独立国 dúlìguó 두리구어 독립국 dongnipguk

□ 共和国 gònghéguó 꽁허구어 공화국 gonghwaguk

□ 王国 wángguó 왕구어 왕국 gwangguk

□ 先进国家 xiānjìn guójiā 시엔찐구어찌아 선진국 seonjinguk
  (= 发达国家 fādá guójiā)

□ 发展中国家 fāzhǎnzhōng guójiā 파잔쭝구어찌아 개발도상국 gaebaldosangguk

□ 不发达国家 bùfādá guójiā 뿌파다구어찌아 후진국 hujinguk

복습문제

1 다음 단어를 중국어 혹은 우리말로 바꾸세요.

a) 여우 _____   코끼리 _____

   뱀 _____   사자 _____

   고양이 _____   말 _____

b) 燕子 _____   鹤 _____

   鸭子 _____   尾羽 _____

   翅膀 _____   乌鸦 _____

c) 잠자리 _____   모기 _____

   萤火虫 _____   蜘蛛 _____

   나비 _____   지렁이 _____

d) 扁口鱼 _____   鲑鱼 _____

   螃蟹 _____   거북 _____

   김 _____   잉어 _____

2 다음 빈칸에 맞는 단어를 써넣으세요.

a) 씨 없는 수박 无核的_____

b) 신선한 과일 新鲜的_____

c) 달콤한 귤 甜蜜的_____

d) 건조시킨 감 _____干

e) 부드러운 복숭아 柔软的_____

3 다음 그림과 알맞은 단어를 연결하세요.

· · · · ·

· · · · ·

叶子　　　　　果实　　　　　树枝　　　　　树干　　　　　树根

4 다음 단어를 중국어 혹은 우리말로 바꾸세요.

a) 玫瑰 _____　　　向日葵 _____

　　杂草 _____　　　波斯菊 _____

　　郁金香 _____　　　荷花 _____

b) 감자 _____　　　호박 _____

　　가지 _____　　　고추 _____

　　토마토 _____　　　생강 _____

c) 호수 _____　　　사막 _____

　　숲 _____　　　강 _____

　　산 _____　　　화산 _____

d) 云 _____　　　雪 _____

　　晴天 _____　　　天空 _____

　　彩虹 _____　　　雨 _____

e) 검은색 _____ 파란색 _____

녹색 _____ 보라색 _____

빨간색 _____

5 다음 그림과 알맞은 단어를 연결하세요.

烟　　　金属　　　火　　　光　　　油

6 다음 단어를 중국어 혹은 우리말로 바꾸세요.

a) 태양 _____ 보름달 _____

금성 _____ 행성 _____

유성 _____ 지구 _____

b) 陆地 _____ 海 _____

南极 _____ 沙漠 _____

山脉 _____ 半岛 _____

7 다음 빈칸에 맞는 단어를 넣으세요.

a) 밖에는 비가 옵니다. _____下雨。

b) 북경에서 상해까지 _____北京_____上海

c) 한국은 중국과 일본의 가운데에 있습니다. 韩国在中国和日本＿＿＿＿＿。

d) 아름다운 소녀 很＿＿＿＿＿的少女

e) 우리 학교에서는 영어 선생님이 제일 유명하다.

　　　在我们学校英语老师最＿＿＿＿＿。

8 다음 빈칸에 맞는 중국어 단어를 써넣으세요.

a) 가볍다 ＿＿＿＿＿　⇔　무겁다 ＿＿＿＿＿

b) 넓다 ＿＿＿＿＿　⇔　좁다 ＿＿＿＿＿

c) 시작하다 ＿＿＿＿＿　⇔　끝나다 ＿＿＿＿＿

d) 아름답다 ＿＿＿＿＿　⇔　추하다 ＿＿＿＿＿

e) 좋아하다 ＿＿＿＿＿　⇔　싫어하다 ＿＿＿＿＿

f) 강하다 ＿＿＿＿＿　⇔　약하다 ＿＿＿＿＿

9 다음 중국어 단어의 뜻을 쓰세요.

a) 首尔 ＿＿＿＿＿　　德国 ＿＿＿＿＿

　　俄罗斯 ＿＿＿＿＿　　英国 ＿＿＿＿＿

　　巴黎 ＿＿＿＿＿　　瑞士 ＿＿＿＿＿

b) 印度 ＿＿＿＿＿　　越南 ＿＿＿＿＿

　　蒙古 ＿＿＿＿＿　　台湾 ＿＿＿＿＿

　　北京 ＿＿＿＿＿

10 다음 단어를 중국어로 써보세요.

a) 돼지 _____ 　　　　매 _____

　　벌 _____ 　　　　새우 _____

b) 굴 _____ 　　　　단풍나무 _____

　　나팔꽃 _____ 　　　　연근 _____

c) 눈(날씨) _____ 　　　　증기 _____

　　노란색 _____ 　　　　지구 _____

　　해협 _____

정답

1 a) 狐狸　大象　蛇　狮子　猫　马
　　b) 제비　학　오리　(조류의) 꼬리털　날개　까마귀
　　c) 蜻蜓　蚊子　개똥벌레　거미　蝴蝶　地龙
　　d) 광어　연어　게　乌龟　紫菜　鲤鱼

2 a) 西瓜　b) 水果　c) 橘子　d) 柿子　e) 桃子

3 잎 – 叶子　　나뭇가지 – 树枝　　열매 – 果实　　나무 뿌리 – 树根　　나무 줄기 – 树干

4 a) 장미　해바라기　잡초　코스모스　튤립　연꽃
　　b) 土豆　南瓜　茄子　辣椒　西红柿　生姜
　　c) 湖　沙漠　树林　河　山　火山
　　d) 구름　눈　맑은 날　하늘　무지개　비
　　e) 黑色　蓝色　绿色　紫色　红色

5 금속 – 金属　　기름 – 油　　빛 – 光　　연기 – 烟　　불 – 火

6 a) 太阳　满月　金星　行星　流星　地球
　　b) 육지　바다　남극　사막　산맥　반도

7 a) 外面　b) 从, 到　c) 中间　d) 漂亮　e) 有名

8 a) 轻 ⇔ 重　b) 宽 ⇔ 窄　c) 开始 ⇔ 结束　d) 漂亮 ⇔ 丑　e) 喜欢 ⇔ 讨厌
　　f) 强 ⇔ 弱

9 a) 서울　독일　러시아　영국　파리　스위스
　　b) 인도　베트남　몽골　대만　베이징

10 a) 猪　鹰　蜂　虾
　　b) 橘子　枫树　牵牛花　莲藕
　　c) 雪　蒸气　黄色　地球　海峡

Index

● Theme 9의 unit 17 **나라 이름 · 수도 이름 및 인구** 부분과**dialogue_对话** 부분 등은
색인에서 제외하였습니다.

한글 색인

ㄱ

290

한글 색인

영어 · 중국어 색인

ㄷ

ㄹ

298

ㅇ

304

한글 색인

영어·중국어 색인

ㅈ

한글 색인

얌마 · 중국어 색인

ㅊ

ⓟ

316

병음·중국어 색인

ⓒ

320

D

G

328

330

M

부록 색인

발음·중국어 색인

Q

Ｔ

색인

병음·중국어 색인

mp3 파일
다운 받는 방법

💙 컴퓨터로 다운 받는 방법

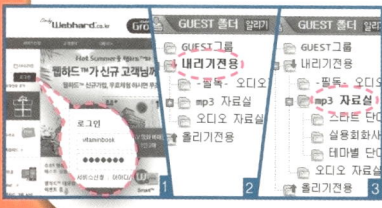

💙 휴대폰으로 다운 받는 방법

도서 미디어, MP3 콘텐츠를
어디서나 간편하게!

콜롬북스

▼

01	웹하드 www.webhard.co.kr 접속 아이디 vitaminbook 비밀번호 vitamin 로그인

▼

01	앱스토어 또는 구글플레이 스토어에서 '콜롬북스어플' 다운로드 및 설치

▼

02	내리기 전용을 클릭
03	Mp3 자료실을 클릭

▼

02	테마별 회화 중국어 단어 2300 검색 후 Mp3 파일 다운

▼

04	테마별 회화 중국어 단어 2300 클릭하여 다운

03	안드로이드 & 아이폰(휴대폰)에서 즉시 청취 가능

한 번만 봐도 기억에 남는

테마별 회화 중국어 단어 2300

초판 10쇄 발행 ⏐ 2021년 11월 25일

엮은이 ⏐ 김현정
편 집 ⏐ 이말숙
디자인 ⏐ 이재민
그린이 ⏐ 김만영, 최혁

제 작 ⏐ 선경프린테크
펴낸곳 ⏐ Vitamin Book
펴낸이 ⏐ 박영진

등 록 ⏐ 제318-2004-00072호
주 소 ⏐ 07251 서울특별시 영등포구 영신로 40길 18 윤성빌딩 405호
전 화 ⏐ 02) 2677-1064
팩 스 ⏐ 02) 2677-1026
이메일 ⏐ vitaminbooks@naver.com
웹하드 ⏐ ID vitaminbook   PW vitamin

© 2012 Vitamin Book

ISBN 978-89-92683-45-6 (13720)

잘못 만들어진 책은 바꿔드립니다.